玄界灘に浮かぶ絶海の孤島、沖ノ島。全島が宗像大社の境内となっており、原則として入島はいっさい禁じられている。

2008年5月27日、約200人の男性のみが上陸を許された。港に到着するとまず海に入って禊《みそぎ》をする。

（上）港から岨道《そばみち》をのぼった沖津宮で現地大祭が行われた。亜熱帯の森で厳かな時間が流れる。
（下）本殿で田心姫神《たごりひめのかみ》への祈りが捧げられる。

沖津宮前にそびえる樹齢数百年はあろうかという杉の大木。

沖津宮からさらに上ったところに、巨岩がならぶ古代祭祀遺跡が残されている。F号巨岩に残る21号遺跡には、依代と考えられる岩が載せられていた（調査隊による復元）。

（上）宗像市田島にある辺津宮の裏山には、森の中に神籬《ひもろぎ》・磐境《いわさか》だけが設えられた高宮祭場がある。神社が社殿を持つ前の古代祭祀の原風景を伝えている。
(下)高宮祭場へ至る道には御神灯が案内に点される。

（上）辺津宮本殿。柿《こけら》で葺《ふ》かれた切妻《きりづま》屋根の端正な社殿。
（下）境内に設けられた手《ちょう》水《ず》舎《や》。

半岩陰・半露天に設けられた5号遺跡。岩上の祭祀が後代には岩陰、そして半岩陰・半露天となり、さらに露天でいとなまれるようになっていった。写真は土器による祭祀を復元したもの（宗像大社提供）。

（上）18号遺跡から発見された三《さん》角《かく》縁《えん》神《しん》獣《じゅう》鏡（直径22.2センチ。宗像大社提供）。
（下）祭祀用に作られた鏡の雛形と考えられている素《す》文《もん》鏡（16号遺跡出土・直径3センチ。宗像大社提供）。

（上）方《ほう》格《かく》規《き》矩《く》鏡。漢代の中国で多く作られ、弥生時代の甕棺などから舶《はく》載《さい》品が数多く発見されている（17号遺跡出土・直径27.1センチ。宗像大社提供）。
（下）文様帯に鳳凰らしき鳥を配した夔《き》鳳《ほう》鏡。わが国での発見例は少ない（17号遺跡出土・直径22.1センチ。宗像大社提供）。

金銅製龍頭《りゅうとう》。龍頭とは天蓋《てんがい》などをつり下げる飾り金具。沖ノ島出土の奉献品の中でもとりわけ見事な品（5号遺跡出土。宗像大社提供）。

金製指輪。新羅からもたらされた舶載品（7号遺跡出土。宗像大社提供）。

金銅製棘葉形《きょくようがた》杏葉《ぎょうよう》。馬の装飾品であり、岩陰祭祀から発見される代表的な奉献品である（7号遺跡出土。宗像大社提供）。

金銅製歩《ほ》揺《よう》付《つき》雲《う》珠《ず》。やはり馬具の一種であり、新羅からもたらされた豪華な奉献品（7号遺跡出土。宗像大社提供）。

滑石製形代《かたしろ》類。沖ノ島からは金銅製、鉄製、滑石製の形代が出土している。馬形、人形、舟形などからなり、奉献し神のあらぶる心を鎮めることで加護が得られると当時の人々は考えた（1号・3号遺跡出土。宗像大社提供）。

宗像大社・
古代祭祀の原風景

正木 晃

Masaki Akira

1119

NHK BOOKS

NHK出版【刊】

Printed in Japan
［協力］ 山本則子／有富純也
［図版作成］ 原清人
［写真提供］ 太田亨
［本文組版］ 岸本つよし

◉

はじめに

荒海で名高い玄界灘の真ん中に、神々しい姿の小さな島が浮かんでいる。それが、沖ノ島である。この絶海の孤島では、縄文前期（六〇〇〇〜五〇〇〇年前）にニホンアシカの再生を祈る宗教儀礼が始まって以来、五〇〇〇年以上にわたって、祭祀がいとなまれ続けてきた。

この間、四世紀の後半には、沖ノ島の祭祀をつかさどる宗像氏の協力を得て、派遣使節の航海安全を祈願する大和政権の国家祭祀が開始され、遣隋使や遣唐使の段階をへて、のちには国土防衛の目的も加わりながら、一〇世紀まで継続した。

その後も、民間祭祀は絶えることなく、いまもなお、日本最大の海洋漁労文化の祭典といわれる「みあれ祭り」が、毎年、盛大におこなわれている。このような事例は、日本国内はもとより、世界中を見わたしても、他にもとめがたい。

しかも、沖ノ島には、古代祭祀の遺跡が、岩上／岩陰／半岩陰・半露天／露天の各段階ごとに、千数百年の歳月を超えて歴然と残り、祭祀の内実をいまに伝える膨大な遺物が出土している。そのレベルの高さは、八万点が国宝に指定されているという事実に明らかだ。したがって、沖ノ島およびその祭祀をつかさどっていた宗像氏・宗像大社を抜きにして、古代祭祀を語ることは、絶対に不可能といっていい。

にもかかわらず、これまで沖ノ島と宗像大社に対する一般の認知は、残念ながら、十分だったとはおもえない。ごく一部の専門家を除けば、さほど知られていないというのが、実情のようだ。

本書の出版を企図した背景には、こういう状況を改めたいというおもいがあった。これを契機に、多くの方々の関心が沖ノ島と宗像大社にそそがれることを心から願っている。それはとりもなおさず、古代人の心を理解し、私たちの魂のふるさとを取り戻すいとなみに確実につながっていくはずだ。

今回、本書を執筆するにあたっては、三次にわたる沖ノ島発掘調査報告書、ならびに宗像神社史にすべて目を通した。いずれも優れた専門研究者による本格的な学術研究の成果である。むろん、主として参考に供したのも、これらの書物にほかならない。

それにしても、印象深かったのは、第三次調査隊の隊長という重責をになわれた故岡崎敬氏の慧《けい》眼《がん》ぶりである。その論考を読めば、実証的なことはもちろん、たとえば沖ノ島を「海中の神体山」というコンセプトで把握するなど、まことに独創的でもある。かつまた、文章はきわめて平易。考古学の専門家としての知識に加え、すこぶる広範囲におよぶ学識を駆使して、沖ノ島と宗像大社の学術的研究に一時代を画している。執筆する上でも、岡崎氏の論考から得るところは、はなはだ大きかったといわねばならない。

いま、沖ノ島の沖津宮、大島の中津宮、そして田島の辺津宮の三宮が国指定の史跡となっていて、ここを含む地域が、世界遺産登録をめざしている。この地がどれほど世界遺産にふさわしいか、本書をひもとかれた読者には、まずまちがいなく納得していただけるとおもう。

＊宗像大社の社名は、本来、宗像神社であったが、昭和五二年に宗像大社と社名変更し、現在に至る。本書では、著者の判断により、名神大社に列せられた時期からを宗像大社と表記している。

［目　次］

II　探訪沖ノ島

I
古代祭祀の原風景

宗像大社辺津宮神門

第一章●沖ノ島の自然条件と縄文人

沖ノ島の位置関係

沖ノ島は、北緯三四度一四分四〇秒、東経一三〇度六分二〇秒。荒海で知られる玄界灘のど真ん中に浮かぶ、文字どおり絶海の孤島である。

島のまわりには対馬《つしま》暖流が流れ、島の気候条件を温暖なものにしている。

その位置は、宗像大社《むなかたたいしゃ》にほど近い神湊《こうのみなと》から約六〇キロメートル、九州本土から渡航する際に最寄りの港となる大島から約四九キロメートル、壱岐《いき》の玄関口である芦辺《あしべ》から約五九キロメートル、対馬の玄関口である厳原《いずはら》から約七五キロメートル、韓国の釜山《プサン》から約一四五キロメートル、という海上にある。つまり、九州本土・壱岐・対馬からはほぼ同じ距離。ちなみに、弥生後期に行き来していた可能性のある周防灘《すおうなだ》一帯の地域、すなわち山口県の西端地域も、距離的にはさほど変わらない。

韓国の釜山とは、対馬の北端をかすめるかたちで、ほぼ一直線で結ばれている。また、釜山と対馬の北端までの距離と、対馬の北端から沖ノ島までの距離も、後者がやや長いものの、さして変わらない。

したがって、釜山～対馬北端～沖ノ島～九州本土は、ほぼ同じ距離にあるとみなしていい。この

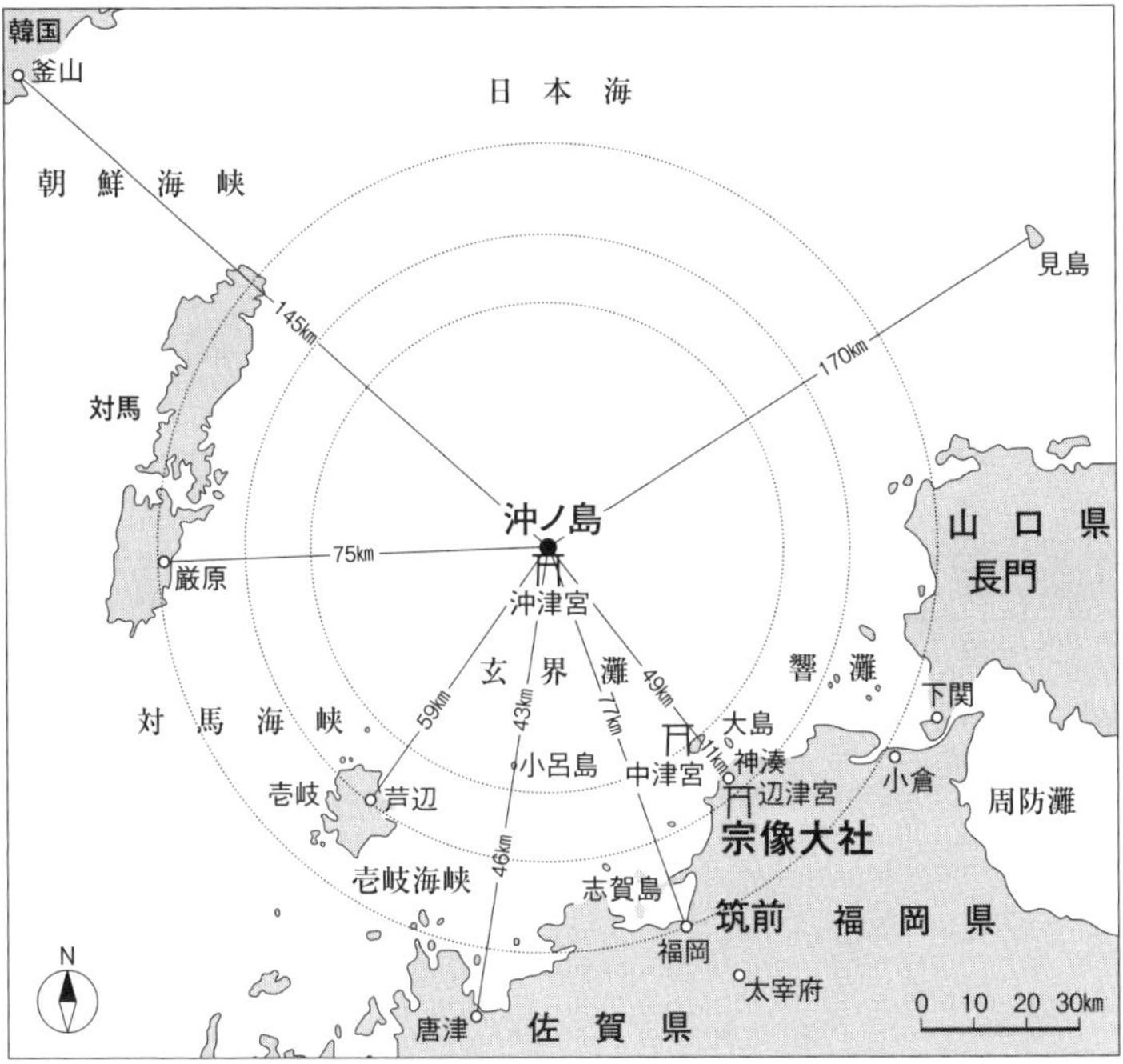

図１　沖ノ島の位置関係。九州本土、壱岐、対馬からほぼ等距離にあることがわかる。（特別展図録『「海の正倉院」沖ノ島』収録。位置図をもとに作成）

事実は、朝鮮半島から北九州へ渡航するにあたって、あるいはその逆のコースを渡航するにあたって、沖ノ島が絶好のポイントだったことを意味する。

地形と地質

沖ノ島は、東西約一キロメートル、南北約〇・五キロメートル。ほぼ東北東から西南西の方向を長軸（約一五五〇メートル）、それに直交する方向を短軸（約八八〇メートル）とする楕円形だが、北側の海岸線はえぐり取られたように、ゆるいカーブを描いている。そのせいか、平面図を見ると、米粒のような印象もないではない。

長軸方向の、やや東側に位置する脊梁《せきりよう》部には、南から順に一ノ岳（海抜二四三・一メートル）・二ノ岳（海抜二一〇メートル）・三ノ岳（海抜二〇〇メートル）・白岳（海抜一七〇メートル）が連なる。脊梁部の東側は急峻《きゆうしゆん》な崖となって海中に没し、同じく北側と西側はややゆるやかな傾斜地となって海中に没している。西南部には、狭いながらも、唯一の平坦地が見られる。

島の南には、小屋島《こやじま》と御門柱《みかどばしら》と呼ばれる大きな岩礁《がんしよう》がある。御門柱はさらに二つの岩礁から構成され、北側の岩礁は天狗岩とも呼ばれている。これらの岩礁は、あたかも関門のようなかたちで配置されていて、沖ノ島に上陸するときには、そのあいだを通り抜けていくことになる。

地質学的には、砂岩をともなう頁岩《けつがん》層を基盤として、その上に石英斑岩《せきえいはんがん》がのるかたちで、島の大部分を構成している。石英斑岩は白く風化しやすく、また崩壊しやすい。そのため、山中のいたるところに巨大な岩がまるで白骨のように露頭し、海岸には崖から落下した大きな塊がごろごろところがって、「神の島」というイメージとはうらはらに、島全体をひじょうに荒々しい雰囲気で包んでいる。

しかし、白骨のように露見している岩だらけの沖ノ島は、島全体が白っぽいおかげで、はるか遠くからもよく見える。この点は、海上を航行する人々にとって、大きな意味をもっていたはずだ。

そもそも国語学では、「白＝シロ」は、事物がはっきり見えるという意味の「しるし（著・験・顕）」と語源は同じとみなされている。たしかに、『枕草子』の有名な「春はあけぼの。やうやう白くなりゆく山ぎは、すこしあかりて」という一節は、夜が明けるにつれて、山の姿が少しずつはっきり見

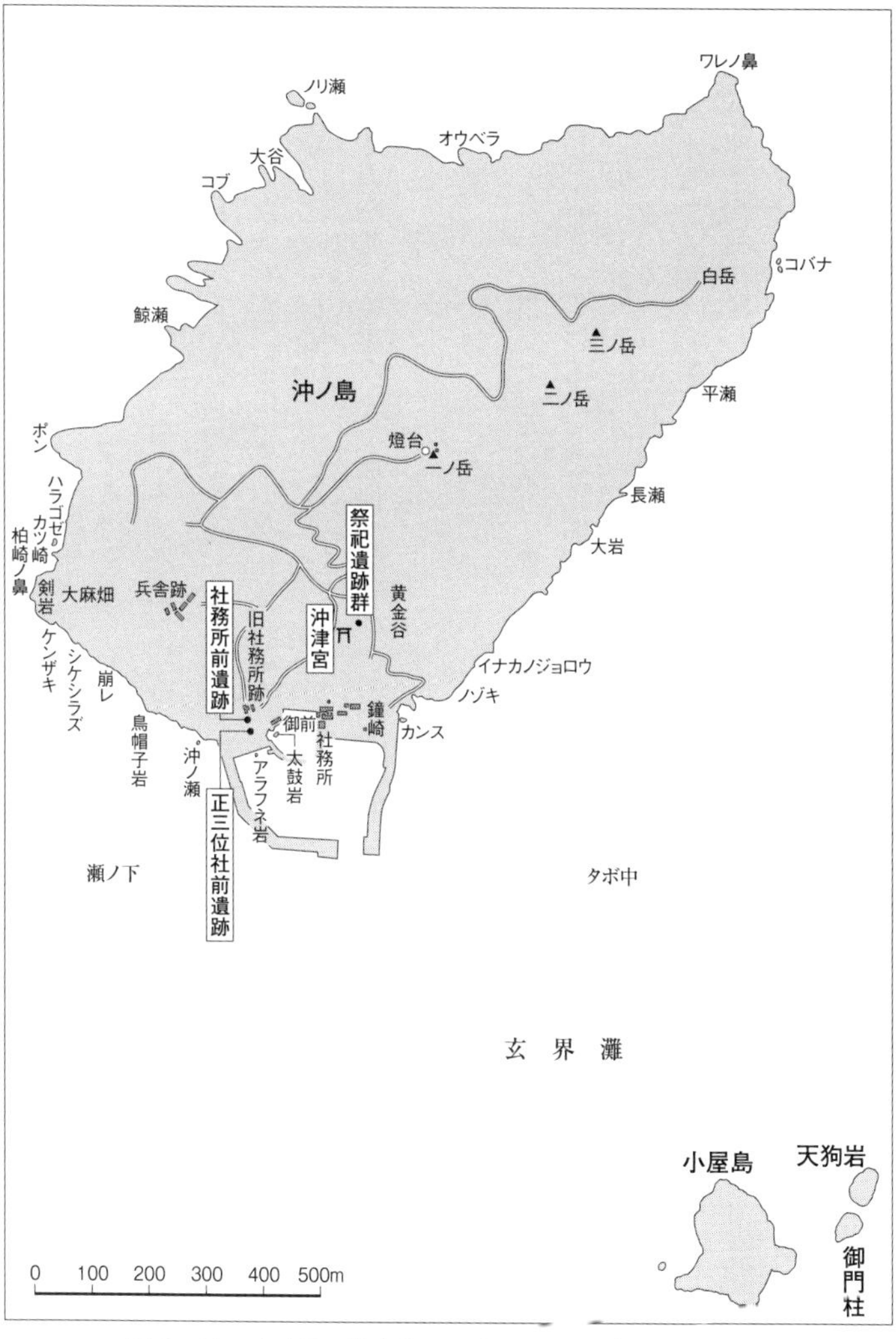

図２　沖ノ島全図（『宗像沖ノ島』FIG. 1をもとに作成）

えてくるようすを描写しているのであって、ただ単に「白くなっていく」のではない。

つまり、森羅万象が識別され、事物の本質が明らかになっていくことと、「白＝シロ」のあいだには、つながりがある。古代人はそう考えたらしい。だから、白という色に、他の色とは異なる神秘的な力や霊的な力を見出し、白いモノをあがめる傾向が強かったという。

まして、目印とてない大海原である。そこに、たった一つ、沖ノ島が白く浮かび上がっている。それを目にした人々が、神に等しい存在とあがめたのも、ごく自然ななりゆきだったといっていい。

島の西端に位置する柏崎ノ鼻とカツ崎のあいだの谷には、湧水がある。この程度の規模の孤島に、真水が湧く事例はごく少なく、航海するものにとってその価値は絶大といっていい。

豊かな亜熱帯の植物と動物

しかし、そういう外見とは異なり、沖ノ島の動植物は、まことに豊かで、人にとっても優しい環境を提供している。そして、一木一草たりとも持ち出せないという厳しいしきたりゆえに、古代以来の原生林の様相をそのまま維持してきたのである。その結果、沖ノ島の自然は、縄文時代からあまり変化していない可能性が高い。

植生は照葉樹林に属し、落葉樹や針葉樹はほとんどない。島全体に、亜熱帯植物を含む暖帯林が形成され、常緑広葉樹を中心に、約七二科・一八〇種が生育している。むろん、対馬暖流の影響にほかならない。

大別すると、タブノキなどの高木、ハマビワなどの低木、イワレンゲなどの岩生植物、ハマウド

図３　オオミズナギドリ。図版はシーボルトコレクション『日本動物誌』より。（福岡県立図書館所蔵）

図４　オオミズナギドリの巣。上方の葉を扇状に広げた植物がオオタニワタリ。

などの高茎草、ハマヒルガオなどの海浜植物の、五つに分類できる。なお、沖ノ島は、ビロウやオオタニワタリなどの亜熱帯性植物の北限でもある。

強い潮風がよく吹くせいか、巨木は少ない。また、立ち枯れた木も目立つ。

島に生える植物のほとんどが食べられることも特徴の一つで、古老の話では、島に孤立したとしても、なんとか生きていけるという。その食べられる植物には、ツワブキ・ノビル・カラシナ・タキナ・アザミ（ヤマゴボウ）・ハマヤゴロウをはじめ、テンナンショウやセリ科のシャクナなどがある。

大型の哺乳類は生息していない。ただし、この点は、現在はいないという註釈が必要で、後述のとおり、縄文時代から弥生時代にかけての時期には、ニホンアシカ（ニッポンアシカ）がたくさん生息していた事実がわかっている。

鳥類はすこぶる豊富で、一四種類を数える。もっとも多く見られるのは、地元ではオガチと呼んでいるオオミズナギドリで、約一〇万羽が、繁殖期には東南アジア方面から飛来する。その他、天然記念物に指定されているカンムリウミスズメ、絶滅危惧Ⅱ類のヒメクロウミツバメなどが、この島を繁殖地としている。

害獣がいないことも、沖ノ島の特徴である。まず、ヘビがいない。人間に多少なりとも危害を加える可能性があるのは、アブとヤマビルくらいのようだ。ネズミ（クマネズミとオキノシマネズミ）もいて、発掘調査の際には、食料を狙われたらしいが、害獣とまではいえないだろう。

島の周囲に広がる海は、いうまでもなく、海産資源の宝庫だ。沖合に対馬暖流に乗って回遊してくるブリ・タイ・シイラ・イカなどはもとより、海岸付近の海中でもアワビやサザエをはじめ、豊

図５　沖ノ島の波止場は「御前」と呼ばれている。手前の海に浸かった巨岩は、山からころがり落ちたものとおもわれる。

富な魚介類が捕獲できる。

唯一の上陸地

沖ノ島には、島の南端にある波止場（船泊り）から上陸する。ここは、昔から「御前」と呼ばれてきた場所である。神を祀る聖域の「前」にある場所というほどの意味だろうか。

現在では、海に向かって本格的な突堤が築かれ、緊急避難港にもなっている。その規模は、最近さらに拡大され、地方でよく見かける漁村の港より立派なくらいだ。

御前がはるか昔からずっと、沖ノ島の数少ない上陸地点の一つだったことに、疑いの余地はない。ここにはわりあい広い砂礫《されき》の浜があって、小舟であれば、なんとか陸に乗り上げられるからだ。

御前から坂を少しのぼった標高二六～三〇メートルの平坦部には、「社務所前遺跡」と呼

図6　社務所前遺跡。沖ノ島に最初に人が滞在した場所がここだった。南向きで日当たり良好。すこぶる見晴らしがきく。

ばれる縄文時代から弥生時代の遺跡がある。さらに、急な坂を標高八〇メートルのところまでのぼると、「四号洞穴遺跡」と呼ばれる縄文時代の遺跡がある。この事実も、御前が縄文時代からずっと上陸地点だったことを物語る。

この点に関しては、気候変動と海水面の上下動という問題がある。縄文時代は、草創期を除くと、概して温暖で、海水面も高かった。沖ノ島に縄文人が渡来しはじめた縄文前期は、いわゆる「縄文海進」のピークにあたり、海面は現在より三～五メートルくらい高かった。

海面が三～五メートルくらい高くなると、はたしてどうなるか。縄文時代の海岸線を想像してみるのも興味深いが、沖ノ島の地形はおおむね急峻なので、上陸地点はあまり変わらないかもしれない。

そもそも御前は南に開けた地形なので、日

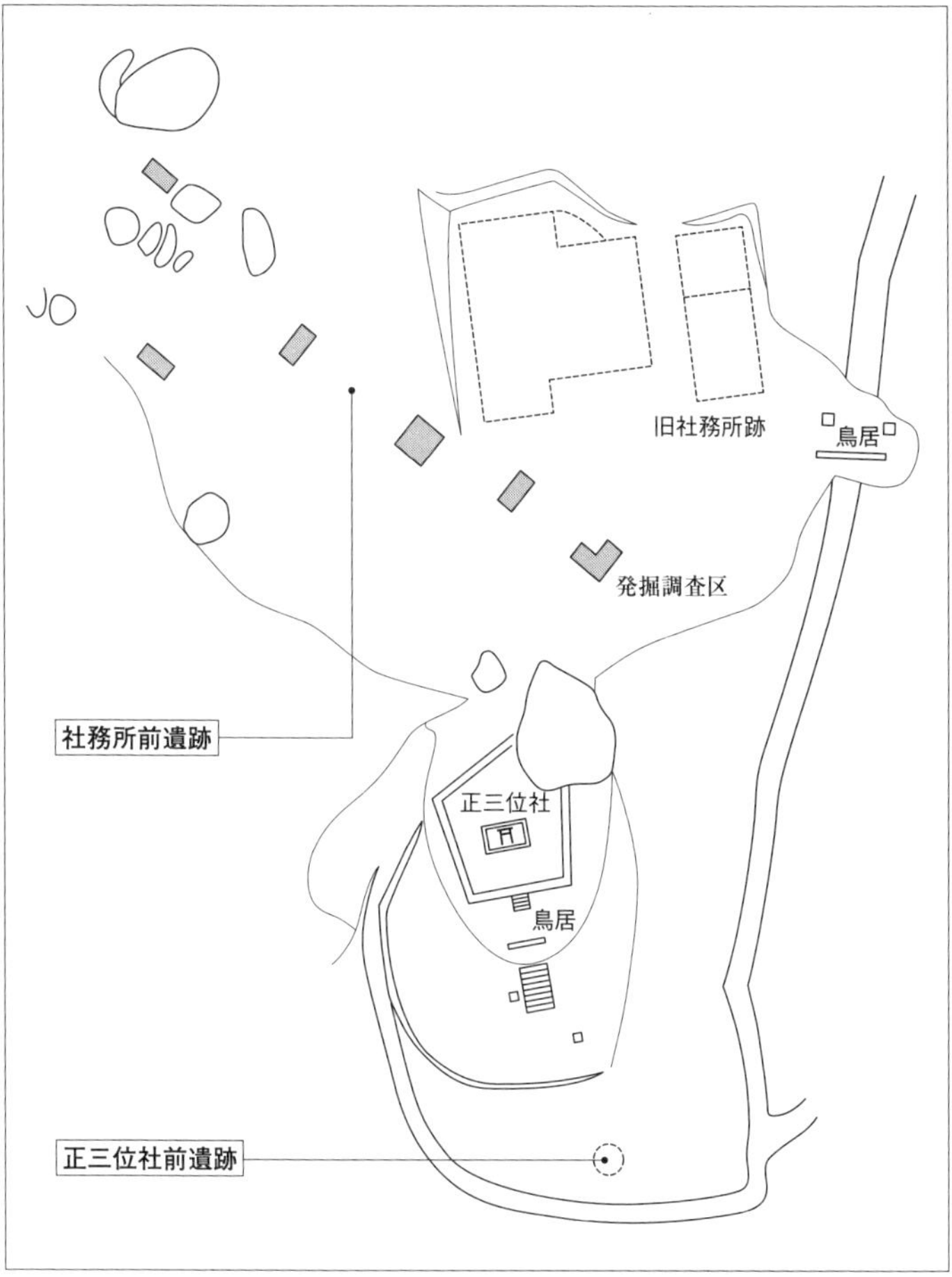

図７　社務所前遺跡と正三位社前遺跡の位置関係（『宗像沖ノ島』FIG. 2 をもとに作成）

当たりがひじょうに良い。背後に山を背負っているから、北風も吹かない。西側も崖があって、西風も吹き込みにくい。この立地条件は、沖ノ島の中では、抜群に良い。

この御前を除くと、上陸できる場所は、ごく限られていて、島の西端に位置する柏崎ノ鼻とカツ崎のあいだに広がる入江の砂浜くらいしかない。この砂浜から急斜面を少しのぼった平坦地にも、「大麻畑《おおあさばたけ》遺跡」と呼ばれる縄文時代の遺跡があって、この砂浜が上陸地点だったことを裏付けてくれる。

この砂浜から「大麻畑遺跡」にのぼっていく途中の狭い谷には湧水があるから、生活するには「大麻畑遺跡」の付近が、沖ノ島の中でも、もっとも良かったはずである。そのことを証明するように、第二次世界大戦中には、この場所に海軍の兵舎が建てられていた。しかし、縄文時代から後の遺跡がない点は、なにか問題があったことを示唆している。ひょっとしたら、強い西風が吹いた場合、波が高くなって、上陸できなくなる危険性があったのかもしれない。

その点、御前のほうが安全だったとおもわれる。ここは、海流のゆえか、流木や海草が流れつく場所になっているという。この事実も、ここが上陸地点に適している証拠になる。

そして、流木や海草が流れつくということは、海難事故に遭遇して、舟から海に投げ出された人もまた、流れつく可能性がある。流れつけば、ここには湧水も食物もあるから、ひとまず安心である。

とすると、玄界灘を航行していて、運悪く難破した場合、ここに流れつくことが、生命の助かるほとんど唯一の道だったはずだ。もし、そのようにして生命の助かった人がいるとしたら、その人

図８　沖津宮社殿。ちょうど社殿の背後に４号洞穴遺跡がある。

は、人智を超えた力によって、この島にたどり着けたと考えたかもしれない。

どこから渡来してきたのか？

沖ノ島の縄文時代遺跡は、すでにふれたように、三箇所ある。「社務所前遺跡」・「四号洞穴遺跡」・「大麻畑遺跡」である。多少重複してしまうが、確認のためにそれぞれの遺跡の立地を述べておこう。

「社務所前遺跡」は、島の最南端に位置し、御前から少しのぼった地点にある。標高は二六〜三〇メートル。尾根筋にあたる北側を除くと、三方は急な崖となって海に落ち込んでいる。さして広いとはいえないが、全島が急峻な地形で占められている沖ノ島としては、例外的な平坦地となっている。こういう立地条件から見ても、また出土した土器の量から見ても、ここが縄文人の――そして弥生人の――主たる生

図9　御金蔵（『沖ノ島』図版第41[2]）

活空間だったことに、疑いの余地はない。

「四号洞穴遺跡」は、沖《おき》津《つ》宮《みや》社殿のすぐ北側にあたるB号巨岩の下にある。ここからは、きわめて貴重な祭祀の品々が大量に出土しているので、昔から「御《お》金《かな》蔵《ぐら》」と呼ばれてきたという。

洞穴とはいっても、ふつうにイメージされるような、岩壁に穴があいている形状ではない。二つの巨岩が転落し重なり合ってできた岩陰が、洞穴のようになっている。奥行きは約八メートル、幅は約二メートルの、細長いかたちである。開口部は南と西にあり、その途中は、鍵状に曲がっている。天井は低く、かつ東に傾斜し、その高さは人が背をかがめてやっと入れるくらいしかない。この条件は、縄文時代でもほとんど変わらなかったらしく、雨露をしのぐには良いが、少人数しか居住できなかったと推測されている。出土した土器の量が少ないことも、この推測を裏付ける。

なお、この遺跡からは、大小二個の片刃《かたは》磨《ま》製石《せいせき》斧《ふ》が出土している。これらは手斧《ちょうな》もしくは鉞《まさかり》として使われていたらしく、丸木舟を製作するための道具だったのではないか、という推測がある。

「大麻畑遺跡」は、島の西端に位置する柏崎ノ鼻とカツ崎のあいだに広がる入江の砂浜から急斜面の谷を少しのぼった小さな平坦地にある。途中の谷には、湧水がある。この遺跡の重要度については、発掘がまだ十分におこなわれていないために、判然としない。平坦地がわずかしかない点からすると、あまり多くは期待できないかもしれない。

これらの遺跡を発掘調査したところ、沖ノ島には縄文前期（六〇〇〇〜五〇〇〇年前）から、人々が渡来していたことが判明している。では、どこから渡来していたのかというと、使用されていた土器から、北九州沿岸部、とりわけ遠賀《おんが》川の流域から渡来してきた可能性が、きわめて高い。

縄文中期（五〇〇〇〜四〇〇〇年前）になると、北九州沿岸部とならんで、瀬戸内文化の影響が色濃く見られるようになり、遺跡によっては、北九州沿岸部よりも瀬戸内文化の影響のほうが大きい事例すら見られる。

ところが、縄文後期（四〇〇〇〜三〇〇〇年前）には、いったん渡来が絶えたようだ。生活をいとなんでいた形跡が見つからないのである。理由は明らかになっていない。

縄文時代の年代区分

草創期	13,000 〜 10,000 年前
早　期	10,000 〜 6,000 年前
前　期	6,000 〜 5,000 年前
中　期	5,000 〜 4,000 年前
後　期	4,000 〜 3,000 年前
晩　期	3,000 〜 2,300 年前

その後、縄文晩期（三〇〇〇〜二三〇〇年前）の中ごろに、渡来が再開されたらしい。この時期に使われていた土器は北九州沿岸部と同じで、瀬戸内文化の影響は見られない。

以上をまとめると、縄文時代に沖ノ島に渡来してきたのは、主に北九州沿岸部に居住していた人々だったが、縄文中期に限り、瀬戸内方面から渡来してきた人々がいたことになる。

なぜ渡来してきたのか？

次の疑問は、どういう目的で縄文人は沖ノ島に渡来したのか、という点である。玄界灘は、現在でも荒海で知られる。

この項でふれるとおり、沖ノ島に渡来した縄文人は、まだ航海技術の面で十分な技量に達していたとはおもえない。したがって、玄界灘を航行するのは、危険きわまりないことだったはずだ。にもかかわらず、渡来を繰り返したのだから、沖ノ島にはよほどの魅力があったと考えるほかない。

この疑問を解く鍵は、沖ノ島の縄文遺跡から出土した動物の遺骸にある。主な種類をあげてみよう。

貝類：アワビ・サザエ・イガイなど一八種類
節足動物：カメノテ
魚類：サメ・ブリ・マダイ・コブダイ・マフグ
鳥類：オオミズナギドリ・ウミスズメ・ウミウ・ガン・カモなど七種類
哺乳類：ニホンアシカ・シカ

このうち、シカはわずか二センチメートルに満たない骨片が一個出土しているにすぎない。沖ノ島で捕獲したのではなく、角製品を製作するための材料として、他の場所から持参してきたものとおもわれる。

貝類はかなりの量が出土している。ただし、美味しく、肉の量も多いアワビやサザエはあまり出土していない。出土量が多いのは、岩礁地帯の波打ち際で獲れる小型の貝類である。貝類は逃げないので、捕獲は簡単だが、アワビやサザエとなると、波打ち際では獲れず、ある程度は海中に潜《もぐ》らなければならない。沖ノ島周辺は海流がとても早い。縄文人には、そこまでの技術はなかったらしく、いわゆる海女／海士はまだいなかったようだ。

魚類も、予想に反して、さほど多くない。沖ノ島の周囲は、黒潮に乗ってやって来る大型回遊魚、たとえばブリやマグロの宝庫として名高いが、これら大型回遊魚は遊泳速度がひじょうに速く、現代の漁業でも、捕獲には、操船のみならず、漁具や漁法にも、きわめて高い技術が必要とされる。この点を考えると、沖ノ島に渡来していた縄文人は、舟で海に漕ぎだして漁をするだけの技術をもってはいなかったのだろう。

鳥類ではウミスズメがもっとも多く、沖ノ島で大繁殖しているオオミズナギドリは一点しか出土していない。大型で食べられる部分が多くあり、陸上では動きが鈍くて簡単に捕獲できたはずのオオミズナギドリに、縄文人は関心をしめさなかったらしい。このことは、いったい何を意味しているのだろうか。

鳥類については、鳥そのものの他に、卵の採取が考えられる。繁殖期ともなれば、ひじょうに簡単に大量の卵が得られたとおもわれる。

アシカ猟をする縄文人

出土した動物骨の中で、目立つのはニホンアシカの骨である。特に、重要度の高い「社務所前遺跡」からは、ニホンアシカ以外の魚骨や貝殻がまったく出土していない。魚骨や貝殻は、海中に投棄された可能性もないではない。しかし、食べた後、もしくは解体処理した後で、海中に投棄するというのであれば、ニホンアシカの骨もそうした可能性があるはずで、ニホンアシカの骨だけが大量に出土しているのは、どう考えても不思議だ。この点については、のちほど詳しく論じたい。

結論からいってしまうと、縄文人はニホンアシカ猟のために、沖ノ島に渡ってきた可能性が高い。

沖ノ島から北東へ約三七〇キロメートルの海上にある竹島には、かつておびただしい数のニホンアシカが生息し、明治中期までは、日本人によるニホンアシカ猟が盛んにおこなわれていた。ニホンアシカは比較的狭い範囲内で魚群を追って回遊し、繁殖期には島に上陸して子育てをする習性がある。沖ノ島も、縄文時代には、そうした繁殖地だったのだろう。

さきほど、沖ノ島の縄文人には、海上で魚を捕るだけの技術はなかったようだと述べた。まして、頭が良く敏捷《びんしょう》なニホンアシカとなれば、海上で捕獲できたとはとてもおもえない。とすれば、繁殖期に上陸してくるチャンスを待って、捕獲するしか方法はなかったことになる。

そういう視点から、沖ノ島から出土している遺物を見ると、大型の石鏃《せきぞく》や石槍があるものの、本土の遺跡からよく出土する骨角製の銛頭《もりがしら》やヤス先は、発見されていない。つまり、沖ノ島では、舟で海上に漕ぎ出し、銛《もり》やヤスを使って、ニホンアシカを捕獲するタイプの猟はおこなわれなかった。もっぱら上陸して子育て中のニホンアシカを狙って、弓で射殺したり、槍で刺し殺したり、あるいは撲殺するタイプの猟がおこなわれていたと想像できる。

出土しているニホンアシカの骨は、メスや幼獣のものが多い。メスとは比較にならないくらい大型になるオスのニホンアシカの骨は、ごくわずかしか出土していない。この事実も、沖ノ島の縄文人が、子育て中のメスや幼獣を主に狙っていたことを裏付ける。

そもそも、ニホンアシカは、アシカとしては、もっとも大型である。オスは体長二四〇センチメートル、体重五〇〇キログラムにも達する。いっぽう、メスは体長一八〇センチメートル、体重一二〇キログラム程度と、ずっと小さい。オスでは、縄文人の手に余ったにちがいない。ちなみに、アシカのたぐいは、一頭のオスが十数頭のメスをしたがえて、いわゆるハーレムを形成するのがふつうである。

ニホンアシカの出産期は、毎年五月から六月。その後に、子育ての時期が来る。つじつは、六月から八月にかけての時期は、玄界灘にしては例外的に波が静かな期間にあたる。つまり、ニホンアシカの出産・子育ての時期と、玄界灘の波が静かな時期は、重なり合う可能性が高かった。この点は、航海技術の面でこころもとなかった縄文人にとって、ひじょうにつごうが良かったはずだ。

北九州と瀬戸内の影響

もし、こういう形態のニホンアシカ猟がおこなわれていたとすれば、沖ノ島に常時いる必要はない。ニホンアシカの繁殖期のときだけ、沖ノ島に渡来して猟をおこない、繁殖期を過ぎれば、故郷

図 10　ニホンアシカの剥製（写真提供：島根大学ミュージアム）

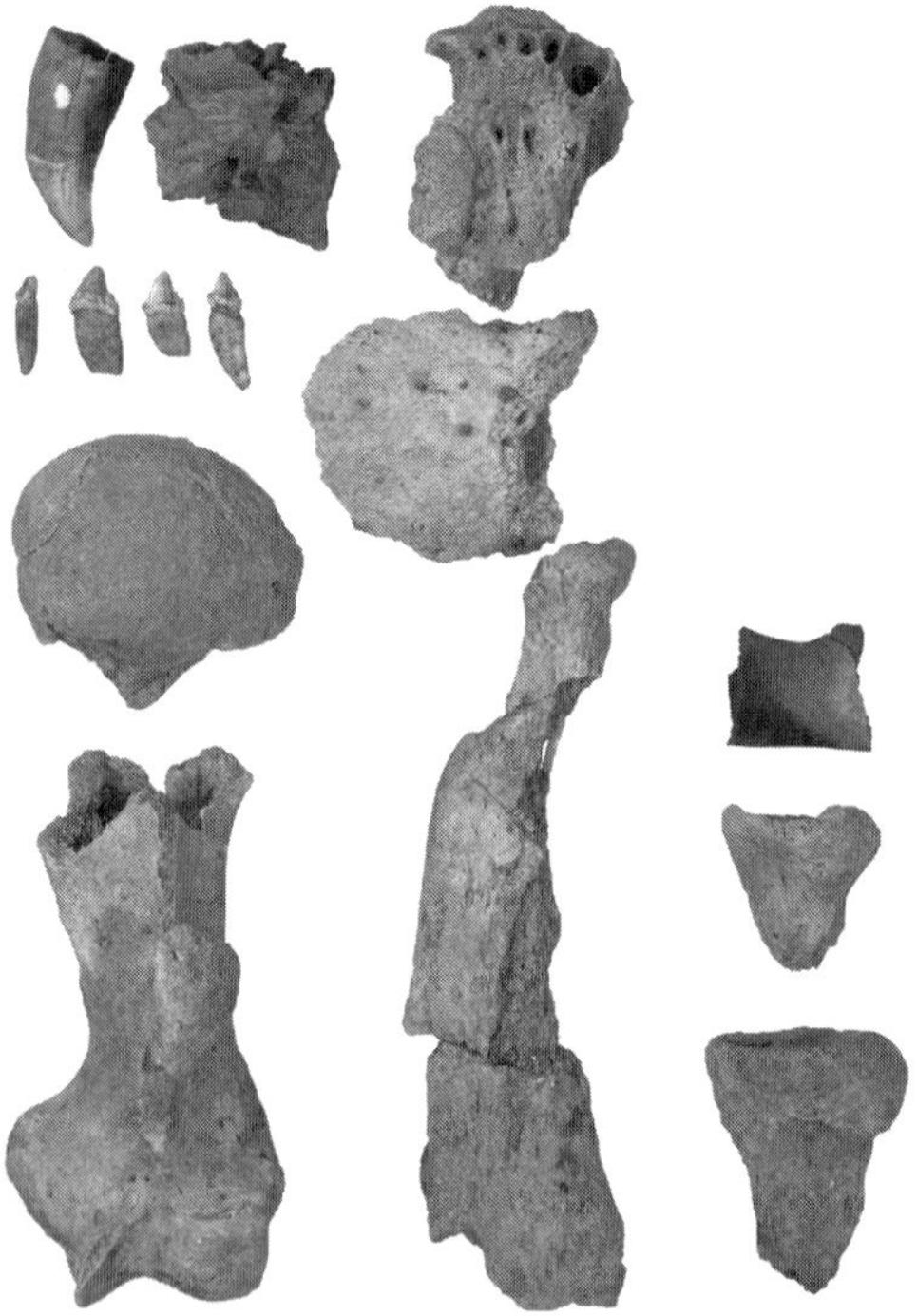

図 11　縄文期遺跡出土のニホンアシカの骨（写真提供：宗像大社）

の村に帰ればいい。この点も、縄文人にとっては、ひじょうにつごうが良かったはずだ。

さらにいうと、オオミズナギドリの産卵期も六月中旬から七月中旬である。したがって、ニホンアシカ猟をおこなう時期は、オオミズナギドリの産卵期とも、ほぼ一致していたことになる。

つまり、六月から八月にかけての時期は、玄界灘の波が静かな上に、ニホンアシカの出産・子育て期と、オオミズナギドリの産卵期まで重なるという、これ以上は考えられないくらい条件の整った時期だったのだ。この時期に沖ノ島に渡来すれば、ニホンアシカの肉だけでなく、オオミズナギドリの卵まで、大量に手に入れられたにちがいない。

捕獲したニホンアシカは、石匙《せきひ》やスクレーパーと呼ばれる石器を用いて、解体し調理したとみられる。

石匙は、原石を打ち欠いてできた剥片《はくへん》から製作された石器で、つまみ状の突出部が付いている。つまみ状の突出部を除くと、ほぼ全体に鋭い刃が付けられている。形態から見て、石匙という名称が付けられているが、用途からすると、むしろ包丁かナイフに近い。

スクレーパーは、比較的大型の剝片を素材にして、片面もしくは両面に、鋭い刃を付けた石器である。もちろん、用途は、石匙と同じく、包丁かナイフに近い。

これら石匙やスクレーパーの素材には、多量の黒曜石が用いられている。細かい破片がたくさん発掘されていることから推測して、どうやら原石を沖ノ島に運び込み、加工して使っていたようだ。興味深いのは、その産地である。

調査結果によれば、黒曜石の中心的な産地は、時期によって異なる。縄文前期は、長崎県松浦市

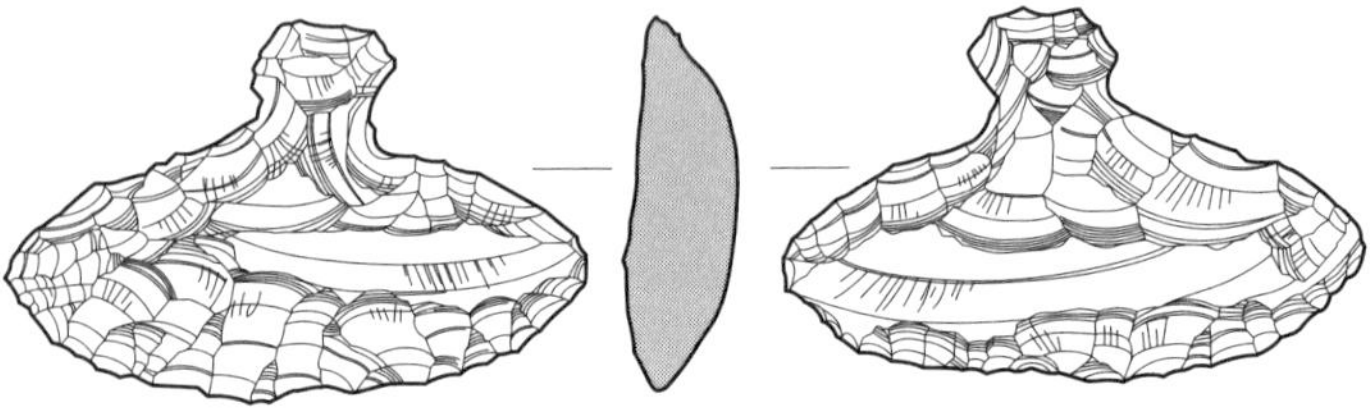

図 12　石匙（『宗像沖ノ島』FIG. 103-68 をトレイス）

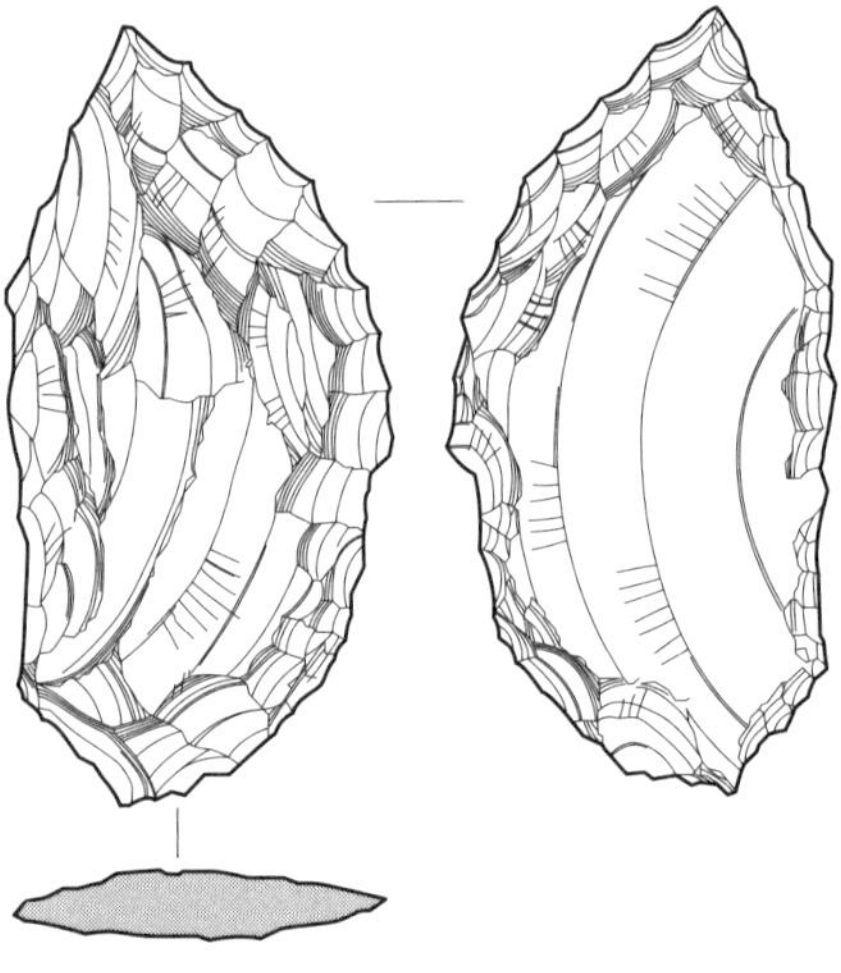

図 13　スクレーパー（『宗像沖ノ島』FIG. 8-13 をトレイス）

の星鹿《ほしか》半島。縄文中期は、大分県国東《くにさき》半島の先端に位置する姫島という。黒曜石は産出する場所がごく限られていた貴重品ということもあって、遠隔地から運ばれてきたケースも少なくない。沖ノ島の場合、長崎県松浦市の星鹿半島はともかく、大分県国東半島の姫島はかなり遠い。

さきほど、縄文中期の土器を検証すると、北九州沿岸部とならんで、瀬戸内文化の影響が色濃く見られ、遺跡によっては、北九州沿岸部よりも瀬戸内文化の影響のほうが大きい事例すらあると述べた。この事実と、縄文中期に使われていた黒曜石の中心的な産地が大分県国東半島の姫島という事実は、どう関連しているのだろうか。同時期には、瀬戸内方面からわざわざ沖ノ島まで、ニホンアシカ猟をするために、人々が来ていたのだろうか。もし仮に、そうだとすれば、ニホンアシカ猟はよほど魅力的だったことになる。

弥生人の痕跡

では、弥生人はどうだったのだろうか。かれらは、いったいどの地域から沖ノ島に渡来してきたのか。その目的は、どこにあったのだろうか。

弥生人が沖ノ島で生活した痕跡は、現時点では、「社務所前遺跡」からしか発見されていない。その痕跡とは、いうまでもなく、弥生式土器である。

弥生前期（前三〇〇年～前一〇〇年）に製作されたと推測される土器の出土量はごく少ない。弥生中期（前一〇〇年～後五〇年）に至ってようやくまとまった数があらわれ、弥生後期（後五〇年〜二五〇年）になればなるほど、出土量が増えてくる。

弥生中期に製作された土器には、瀬戸内系の弥生土器の影響が見られる。

弥生後期に製作された土器のうち、前半期の土器には、遠賀川流域から周防灘にかけての地域で製作された土器と同じ特徴をもつ事例が多い。また、後半期の土器の中には、本土では稀で、対馬や壱岐で多く見られる形態をしめす事例がある。朝鮮半島で製作されたと推測される無文土器も出土している。

これらを総合すると、弥生時代の前期は、沖ノ島に渡来する人々は少なくなっていたらしい。中期以降になると、渡来する人々の数は再び多くなり、時代が後になればなるほど、増加していったとおもわれる。

どこから渡来してきたのか、という疑問については、土器から推測する限り、瀬戸内地方や北九州の遠賀川流域から周防灘にかけての地域、そして対馬や壱岐、さらには朝鮮半島の可能性が指摘できる。ようするに、玄界灘を取り巻く全域から渡来してきたと考えて、まちがいなさそうである。

渡来の目的については、まだよくわかっていない。縄文時代の状況から推せば、海産資源の獲得、とりわけニホンアシカ猟のために渡来してきたと考えるのが自然だ。しかし、弥生時代における動物遺存体、つまり動物の骨や貝殻に関する綿密な発掘調査はおこなわれてこなかったので、現時点で確かなことはいいがたい。

第二章●祭祀の時代

ニホンアシカはどこへ行ったのか？

これまでにおこなわれた発掘調査によれば、沖ノ島は四世紀の後半から、祭祀の時代に入る。以来、六〇〇年近くもの長きにわたり、この島は、航海の安全を祈る聖なる場として、玄界灘に君臨しつづけることになる。

祭祀の子細は以下に述べていくが、ここでいささかならず気になるのは、ニホンアシカ猟の顚末《てんまつ》である。祭祀のいとなまれていた時期に、沖ノ島でニホンアシカ猟が継続されていた形跡は見当たらない。

では、ニホンアシカは、いったいどうなってしまったのだろうか。可能性としては、いくつかのケースが想定できる。

①ニホンアシカ猟を目的に沖ノ島に渡来してきた人々によって、絶滅させられた。

②海流や海水温の変化など、自然条件の変化により、ニホンアシカが沖ノ島を繁殖地としなくなった。

③沖ノ島に渡来する人々の数が増加したことを嫌って、ニホンアシカが来なくなった。

④きわめて重要な祭祀をいとなむために、そこが神聖きわまりない環境であることがもとめられ、その結果、沖ノ島では、ニホンアシカを含む動物の殺戮《さつりく》が、いっさい禁止された。その後、②や③の理由により、ニホンアシカは沖ノ島にいなくなった。

この中で、①はありありそうにない。近現代ならともかく、当時のまだ低かった技術水準から推測して、ニホンアシカを獲り尽くしてしまったとは考えにくいからだ。

とすれば、②か③か④のケースという話になる。

アシカ類は、海流や海水温の変化に敏感で、ほんの少し変化しただけでも、行動圏を変えたりするらしいので、②のケースは十分に考えられる。

家畜化されていれば別だが、自然界に人間が頻繁に来る事態を喜ぶ動物は、まずいない。もしそうなれば、どこか別の場所を繁殖地に選ぶはずだから、③のケースもありえただろう。沖ノ島から北東へ約三七〇キロメートルの海上にある竹島に、明治中期までたくさんいたニホンアシカは、その末裔《まつえい》だったのかもしれない。

④のケースについては、このことを証明してくれるような物品も文書もないので、あくまで想像の域を出ないが、沖ノ島こそ古代日本最大の祭祀がいとなまれた現場だったという歴然たる事実を考慮すると、可能性は排除できない。原始神道では、動物の殺戮を極端に嫌う仏教とは異なり、猟や動物の肉を食べることに強い抵抗感はなかった。記紀を読んでみても、海幸彦と山幸彦の兄弟をはじめ、神々は動物を狩りして食し、猟を好み獲物をためらうことなく食べたという天皇の記録も多い。しかし、きわめて重要な祭祀をいとなむための神聖な場を確保するとなれば、話は別で、血

を流すような行為が忌避されたことは、あらためていうまでもない。

祭祀遺跡の概要

沖ノ島の祭祀遺跡は、島の南側中腹にある沖津宮《おきつみや》社殿の背後にわだかまる巨石群すなわち磐座《いわくら》を中心として、二三箇所が確認されている。このうち、二号、九号、一〇号、一一号、一二号、一三号、一五号の番号が付けられた遺跡は、未調査のままになっている。なお、学術調査の便宜をはかる目的で、巨岩群にはAからMまでの番号が、祭祀遺跡には一号から二三号までの番号が、それぞれふられている。

現在まで、三回にわたる学術調査がおこなわれている。第一次（四回）一九五四―五五年、第二次（三回）一九五七―五八年、第三次（四回）一九六九―七一年。しかし、少なくとも、現時点までの発掘調査では、この場所以外に祭祀遺跡は発見されていない。

つまり、沖ノ島の祭祀遺跡はほぼ一箇所に集中し、しかもほぼ同じ方向、もう少し具体的にいえば、九州の宗像大社のある方向を向いている。いいかえると、大陸の方向へ向いている祭祀遺跡は、存在していない。この点については、のちほどあらためて考えてみたい。

四世紀の後半から一〇世紀初頭に至るまで、六〇〇年近くにもわたって、祭祀がいとなまれつづけたため、祭祀の場所や方法、あるいは奉献品の変遷も、すこぶる大きい。その概要を、時代別に、ごく簡単にまとめると、以下のようになる。

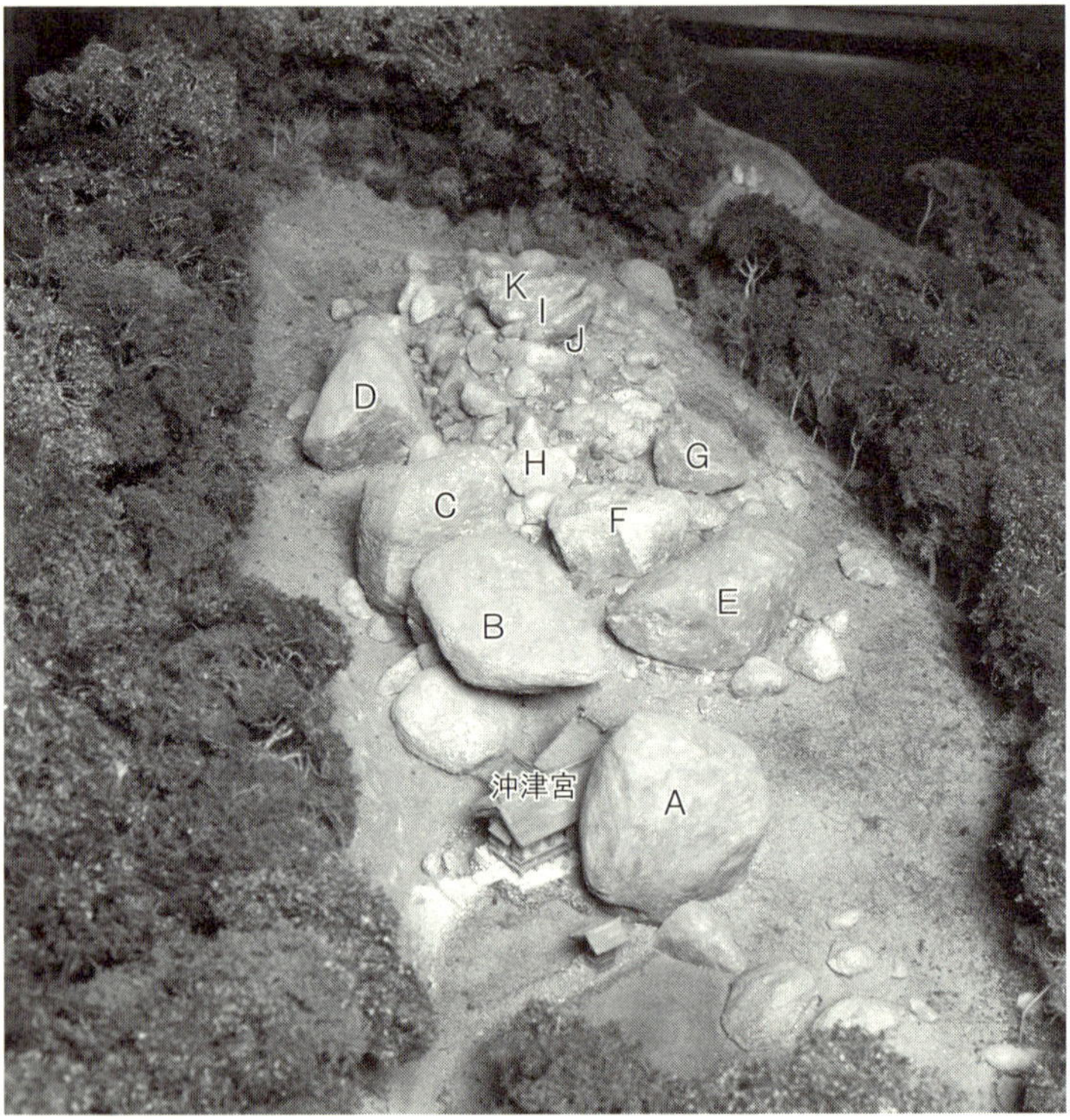

図14　沖ノ島の祭祀遺跡の模型（国立歴史民俗博物館所蔵。情報提供は弓場紀知『古代祭祀とシルクロードの終着地・沖ノ島』）

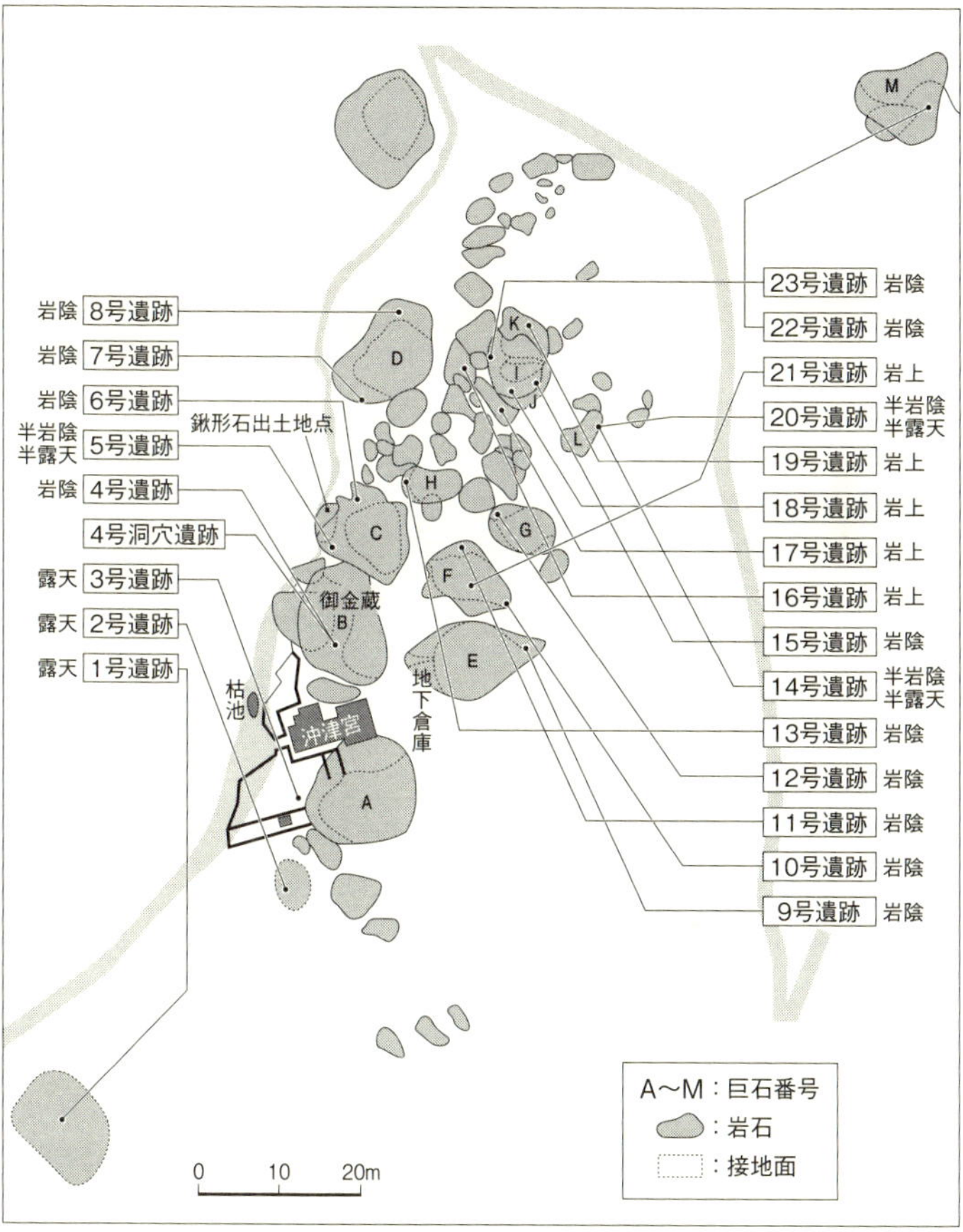

図15　沖ノ島の祭祀遺跡の配置図。第三次調査の結果、14号遺跡は、20号遺跡の奉献品が流出したものと判明した。したがって、遺跡の総数は22箇所となるが、ここでは混乱を避けるため、従来の番号を採用し、総数も23箇所とした。（『宗像沖ノ島』FIG. 2をもとに作成）

（1）古墳時代

①岩上祭祀《がんじようさいし》（四世紀後半〜五世紀）

I号巨岩上およびその周辺：一六・一七・一八遺跡

F号巨岩上：二一号遺跡

K号巨岩上：一九号遺跡

＊舶載鏡《はくさい》・仿製鏡《ほうせい》・装飾品・鉄鋌《てってい》・滑石《かっせき》製品・鉄雛形《ひながた》品など

②岩陰祭祀《いわかげ》（六世紀〜七世紀）

B号巨岩の下：四号遺跡

C号巨岩の北側：六号遺跡

D号巨岩の南側：七号遺跡

D号巨岩の北側：八号遺跡

E号巨岩の東側：九号遺跡

F号巨岩の東側：一〇号遺跡

F号巨岩の北側：一一号遺跡

G号巨岩の西側：一二号遺跡

H号巨岩の西側：一三号遺跡

I号巨岩の東南側：一五号遺跡

M号巨岩の東側：二二号遺跡

I号巨岩の西側：二三号遺跡
＊船載を含む武器・馬具・装飾品・工具・カットグラス・金属製雛形品・土器など

（2）律令時代

③半岩陰・半露天《ろてん》祭祀（七世紀後半〜八世紀前半）
B・C号巨岩に囲まれた部分：五号遺跡
L号巨岩の東側：一四号遺跡
L号巨岩の東側：二〇号遺跡
＊金属製雛形品・金属製人形・唐三彩《とうさんさい》・土器

④露天祭祀（八世紀〜一〇世紀初頭）
沖津宮社殿の南西の平坦地：一号遺跡
A号巨岩の南西側の平坦地：二号遺跡
A号巨岩の西側の平坦地：三号遺跡
＊土器・滑石製形代《かたしろ》・皇朝銭《こうちょうせん》など

なお、六世紀後半から七世紀前半ころの祭祀遺跡は、いまだ発見されていないという指摘がある。この時期は、ご存じのとおり、遣隋使が派遣された時期と重なる可能性がある。

また、七世紀の後半になると、半島情勢の変化により、沖ノ島の周辺を経由する航路は使われなくなったにもかかわらず、沖ノ島の祭祀はその後もいとなまれつづけた。この事実も、ひじょうに興味深い。

岩上祭祀の時代

沖ノ島でいとなまれた最初期の祭祀は、巨岩の上をその場としていた。そのために「岩上遺跡」と呼ばれている。

このかたちの祭祀遺跡としては、I号巨岩の上および周辺に一六・一七・一八号遺跡が、F号巨岩の上に二一号遺跡が、K号巨岩の上に一九号遺跡がある。中でも最古の可能性が高いのが、一七号遺跡と一八号遺跡だ。

じつは、I号巨岩の周辺は、沖ノ島の中でもいちばん祭祀遺跡が集中している場所で、その様相はかなり込み入っている。全体としては、K号巨岩、J号巨岩、一七号遺跡がある巨岩（甲岩）をはじめとする大小の岩の上に、I号巨岩がのっている。

見方によっては、I号巨岩の周囲に、大小の岩が集積して、裾石のような構成になっているとも、I号巨岩の下部の周囲に、大小の岩が少しだけ姿をのぞかせて、それらが小さいテラスのように見えているとも、表現できる。

いずれにしても、沖ノ島に数ある祭祀遺跡の中でも、存在感は圧倒的に強く、ひじょうに目立つ。事実、I号巨岩は、沖津宮社殿の付近に位置する巨岩群の中でも、最高所を占めている。その上に立つと、眼下に玄界灘を一望できて、祭祀にはうってつけの場所だという印象を受ける。

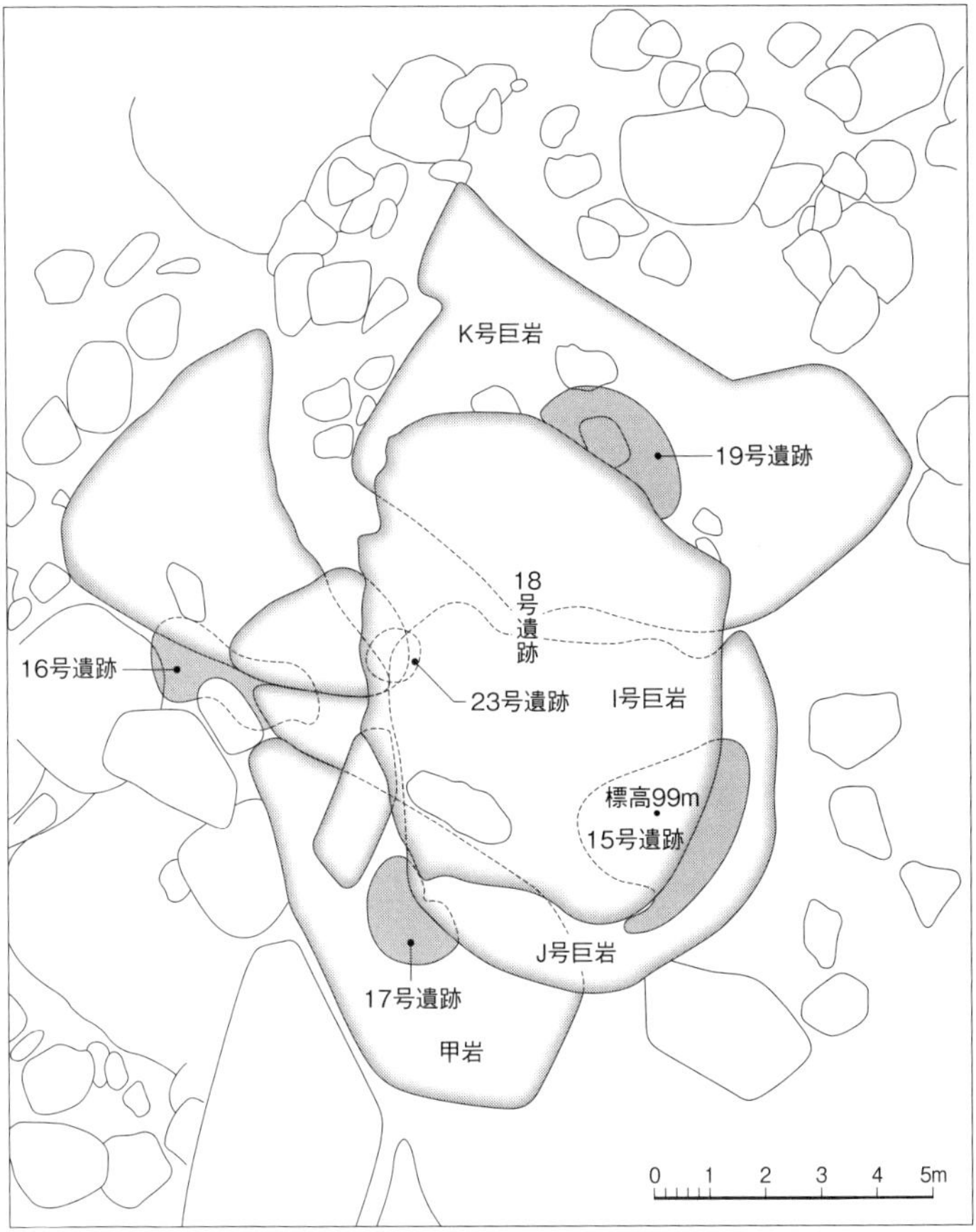

図 16　I 号巨岩付近平面図（『宗像沖ノ島』FIG. 96 をもとに作成）

宝物満載の一七号遺跡

一七号遺跡は、I号巨岩を下から支える位置にあるJ号巨岩を、さらに下から支える位置にある甲岩の上にある。発見された遺物の調査から、四世紀後半の祭祀遺跡と考えられている。

形態はテラス状で、とても狭く、人ふたりがやっと立てる程度にすぎない。遺物の配置範囲は東西が一・四五メートル、南北が一・三五メートル。面積にして、約二メートル平方しかない。

甲岩の西側には丁岩があり、その間が、かろうじて人ひとりが歩けるくらいの溝状の通路になっている。おそらく、この通路から奉献品を甲岩の上にのせ、祭祀をいとなんだと推測される。あるいは、一七号遺跡は奉献品をのせるための祭壇にすぎず、祭祀は近くの別の場所でいとなまれていたのではないか、と考える説もある。

しかし、この狭い面積にもかかわらず、一七号遺跡から発見された遺物は、質も量も素晴らしいものだった。

鏡：二一面

鉄剣：七口分　鉄刀：五口　蕨手刀子《わらびてとうす》：三口　＊すべて破損状態で発見。

装身具類（硬玉製勾玉《まがたま》：一／滑石製勾玉：二／碧玉《へきぎょく》製管玉：一〇／滑石製管玉一一／滑石製棗玉《なつめだま》：四／ガラス製小玉：七五／滑石製小玉：二九八／車輪石：二／石釧《いしくしろ》：一／鉄釧：四）

このうち、もっとも注目されるのは、鏡である。以下に、その種類と数をあげよう。

変形方格規矩《ほうかくきく》鏡（口絵参照）　七面

変形内行花文《ないこうかもん》鏡　三面

鼉龍鏡《だりゆう》　二面
変形文《もん》鏡　一面
変形獣帯《じゆうたい》鏡　二面
変形画像鏡　二面
変形三角縁神獣《さんかくえんしんじゆう》鏡　三面
変形夔鳳《きほう》鏡（口絵参照）　一面

これらの鏡はすべて「仿製鏡」、つまり中国製の鏡を日本で模倣して製作した鏡である。なお、中国から輸入された鏡は、「舶載鏡」と呼ばれる。後述する一八号遺跡からは、舶載鏡が一面、発見されている。

一七号遺跡から発見された鏡と同じ型を用いたと考えられる「同型鏡」や、よく似た「類似鏡」は、畿内に見られる。さらに、「同型鏡」の中には、畿内から配分されたとおもわれる作例もある。

発見されたときの状態は、変形夔鳳鏡だけが少し離れた場所にあったことを除くと、残りの鏡は、五面からなるグループと一五面からなるグループというぐあいに、二つのグループにまとめられ、重なり合うかたちになっていた。

鏡は、これまた変形夔鳳鏡を除くと、残りの鏡はすべて鏡面を表に、図像を鋳込んだ鏡背を裏にしていた。ただし、こういう状態が鏡が奉献された当初からのものか否かをめぐっては、疑問の余地がないではないらしい。

一七号遺跡から発見された鏡の面径は、最小が一〇・〇センチメートル、最大が二七・一センチメートルと、けっこう幅がある。重量は、最少で一一五グラム、最大で一五三五グラムある。また、一四面には、文様の中に、魔除けの効果を期待してであろうか、朱が塗り込められていた。

鏡の出来は、一部に九州では他に例を見ないほど高い次元に達する作例はあるものの、すべてがすべて上質とはいえない。ちなみに、特に高品質な鏡は、畿内からもたらされた可能性が指摘されている。

二一面のうち、一五面の鏡にはその背面に傷があり、無傷の鏡は六面にとどまる。原因としては、まず主素材の銅の質がかなり劣っていることがあるという。型作りや鋳造の工程にも問題があったようだ。

鋳造時に湯（溶融した金属）の温度が低かったために文様細部の鋳出しが甘くなった湯冷えをはじめ、湯を注いだときに大量のガスが発生して吹き返しと呼ばれる現象が起こり傷つくガス傷、完成品の鏡を基型として鋳型を作成するときにうまくいかず生じた踏み返し傷、鋳型が崩れてついた型落ち傷、彫り傷などにより、製作段階ですでに損傷していたとおもわれる事例が少なくないと指摘されている。中には、鏡は背面のひも穴にひもを通し、壁などに掛けて使うものなのに、肝心のひも穴があいていないので、実用にならなかっただろうものすらある。

葬祭が未分化だったのか？

しかし、以上の点は、ここまで大量の鏡が一箇所で集中的に発見された事実に比べれば、ごく小さい。なぜなら、このようなことは、他の祭祀遺跡にはまったく見られないからだ。そして、二一

図17　17号遺跡から出土した鏡。重なり合って発見された。(『続沖ノ島』図版第11［1］)

面という鏡の数は、当時の政治的な中心であった畿内地方の第一級の古墳から、副葬品として出土している鏡の数に、優に匹敵するからだ。

古墳の副葬品といえば、一七号遺跡から発見された鉄剣・鉄刀・蕨手刀子はもとより、硬玉製勾玉・滑石製勾玉・碧玉製管玉・滑石製管玉・滑石製棗玉・ガラス製小玉・滑石製小玉・車輪石・石釧・鉄釧といった装飾品も、四〜五世紀ころの古墳時代前期の副葬品として、よく見られるものばかりだ。また、鏡と玉と剣の三点セットは、ご存じのとおり、古代王権のシンボルでもあった。

ということは、一七号遺跡でいとなまれていた祭祀は、四〜五世紀ころの古墳時代前期に、畿内の大きな古墳でいとなまれていた葬礼に、ひじょうに近かったことになる。

しかし、一七号遺跡は古墳ではない。つまり、古墳ではないにもかかわらず、古墳における葬礼にひじょうに近い祭祀が、一七号遺跡でいとなまれていたのはなぜかを考える必要がある。

この件については、第二次調査の報告書の段階から、いろいろと論じられてきた。その中で注目されてきたのは、「葬祭《そうさい》未分化」である。この考え方は、発掘調査を担当した考古学者の弓場紀知《ゆばただのり》氏が、日本古代史の権威として著名だった井上光貞氏に、沖ノ島の調査結果を報告したおりに、話題の中心となったものだ。

簡単にいえば、こういう内容になる。

考古学者たちは、一七号遺跡から発見された遺物の構成と、古墳の遺物の構成が似通っているという事実から、一七号遺跡でいとなまれていた祭祀と古墳の祭祀に、なんらかの共通性があると考えた。もちろん、これは状況にもとづく推測にほかならない。

いっぽう、歴史学者の井上氏は、葬儀と祭儀を区別した上で、その初期段階の祭祀がどのような状況にあったのかを理解しようとつとめた。そして、こう主張した。もし仮に、「葬祭未分化」というのであれば、その状況下では、人の霊魂であると、神であるとを問わず、同じやり方でそれを礼拝し、崇敬していた。これに反し、「葬祭分化」の状態に入ると、霊魂と神の区別が意識され、それぞれの領域で宗教儀礼がおこってくる。すなわち葬儀と祭儀とが成立する（井上光貞『日本古代の王権と祭祀』東京大学出版会、一九八四）。

ようするに、井上氏は、「葬祭未分化」という状況では、葬儀とか祭儀とかいっても、意味はない。

むしろ、「儀式」というものがまだ十分に確立していなかったと理解すべきだろうというのである。とすれば、一七号遺跡は、祀るべき対象を、どういう方法で祀ったら良いのか、まだよくわかっていない段階をしめしているのかもしれない。「葬祭未分化」という考え方については第四章で論じたい。

時代も地域も異なるので、「葬祭未分化」にどこまで関連するのかはわからないが、以下のような事実もある。推古元年（五九三）に造立された飛鳥寺の塔の心礎《しんそ》（心柱の基礎部分）に、金銀の延べ板・金環・瑪瑙《めのう》・管玉・馬鈴・瓔珞《ようらく》など、三〇〇〇点近くもの品々が納入されていた。これらも、明らかに古墳の副葬品である。

当時としては、最新の外来文化にほかならない仏教。その仏教の象徴ともいうべき塔の心礎に、古墳の副葬品を納入する意味は、どこにあったのか。この事実を、「葬祭未分化」という考え方で説明できるのだろうか。あるいは、祀るべき対象を、どういう方法で祀ったら良いのか、まだよくわかっていないので、とりあえず、旧来の祀り方で祀っておこうと考えてこうした、とみなしたほうが良いのだろうか。それとも、一七号遺跡の事例とは、まったく別の次元の話とみなしたほうが良いのだろうか。

一七号遺跡の鏡については、いったい、誰が、これほど大量の鏡を奉献したのか、という問題もある。この当時、鏡はすこぶる高価な物品だった。その証拠に、九州で古墳時代前期に築造された古墳に副葬された鏡の数は、最高でも一四面にすぎない。

ということは、九州の一豪族が、独力で、一七号遺跡に鏡を奉献したとは想像しにくい。ありうる話としては、九州在地の有力豪族が、九州各地の豪族に、重要な祭祀をいとなむので、それぞれ手持ちの鏡を提出するように呼びかけて、かき集めたか。それとも、さらに政権が一括して奉献したか。そのどちらかだろう。

この点について、第二次調査の報告書は、多くの鏡を保有した古墳で、鏡が持ち寄られたケースはないことを論拠に、ある特定の場所から一括して奉納されたとみなしている。

では、特定の場所とはどこかといえば、やはり大和政権をあげざるをえない。すでにふれたとおり、一七号遺跡から発見された鏡の「同型鏡」や、よく似た「類似鏡」が、畿内に見られること。およぴ、「同型鏡」の中には、畿内から配分されたとおもわれる作例もあること。とりわけ、特に高品質な鏡は、畿内からもたらされた可能性が指摘されていることなどが、その根拠となる。

貴重な船載鏡が発見された一八号遺跡

I号巨岩の上に完全にのっている唯一の遺跡が、一八号遺跡である。発見された遺物の調査から、一七号遺跡と同じく、四世紀後半の祭祀遺跡と考えられている。

この遺跡は、昭和三〇年(一九五五)一〇月の第一次第四回調査で、四面の鏡や石釧が発見されながら、調査はおこなわれず、その後、昭和三一年(一九五六)の春に落石のため破壊され、また盗掘にあったともいわれ、そのまま時間が経過して、昭和四五年(一九七〇)五月の第三次第二回調査で、ようやく本格的な調査がおこなわれたという、いわくつきの遺跡だ。

I号巨岩は、東西が約七メートル、南北が約一〇メートル。東南隅の近くがもっとも高く、西北

図 18　I 号巨岩の先端部。舟の舳先のように尖っている。

図 19　I 号巨岩は 7 メートル× 10 メートル。人と比べると
その大きさがよくわかる。

の方向へかなりきつい傾斜がついている。この傾斜と巨岩全体の形状、さらに視界が海に向かって開けている点とがあいまって、巨岩そのものが玄界灘に乗り出す舟のようにおもえなくもない。

祭祀の場は、I号巨岩の西寄りの三箇所に、大小の石を置いてもうけられていた。I号巨岩の大きさに比べれば、祭壇そのものはいずれも思いのほか小規模だ。

その中でもっとも規模の大きいのは、西南隅にある遺構である。二段の階段状の部分に、長さが約二メートル、幅が一メートル弱、厚さが約六〇センチメートルの大石を、北西―南東の方向に置く。その北側には、一〇個ほどの石が、大石と巨岩のあいだに置かれたり詰め込まれたりしている。大石と巨岩にはさまれた長さ一・八メートル、幅五〇センチメートルほどの平坦地からは、碧玉製管玉・硬玉製管玉・硬玉製棗玉・滑石製平玉・滑石製臼玉《うすだま》・滑石製管玉・ガラス玉が多数、出土した。第一次第四回調査で、四面の鏡や石釧が発見されたのも、この場所だったらしい。

その他、巨岩西側の中央に近いところと北西隅のところに、遺構がある。規模は小さく、前者は大小の石二〇個ほどで、後者は同じく一〇個ほどで、石組みが築かれている。遺物としては、前者からは、鏡の破片の他、碧玉製管玉・硬玉製棗玉などの玉類、鉄器の破片、土器の破片が発見されている。また、後者からは、鏡の破片が八個の他、蕨手刀子などの鉄器、管玉などが出土している。

一八号遺跡で注目を引くのは、なんといっても鏡だ。第一次第四回調査で発見された四面の鏡のうち、完全なかたちをたもつものは二面。他の二面は、三分の一ないし四分の一ほどを欠損している。この四面に、第三次第二回調査で、破片のかたちで発見されたものを加えると、全部で七面の鏡が奉献されていたことになる。

この七面という数は、一七号遺跡の二一面につづくもので、沖ノ島の祭祀遺跡の中でも、二番目に多い。そのうちわけは、以下のとおりだ。

三角縁二神二獣鏡（口絵参照）　一面
変形三角縁唐草文帯三神三獣鏡　一面
変形三角縁三神三獣鏡　二面
夔鳳鏡片　一面
方格規矩四神鏡片　一面
三角縁神獣鏡片　一面

すでに記したように、この一八号遺跡は一七号遺跡とほぼ同じ時期に、祭祀がいとなまれていたようで、一八号遺跡と一七号遺跡は一体の祭祀遺跡とみなす考え方もある。これもすでに記したように、一八号遺跡のあるI号巨岩の存在感は抜群で、ここからは大海原越しに九州方面を一望できる。この立地条件は、一八号遺跡を考える上で、決定的な意味をもつかもしれない。

最古の祭祀形態を伝える二一号遺跡

沖津宮社殿の東北に位置するF号巨岩の上に、沖ノ島に数ある祭祀遺跡の中でも、一七号遺跡とならび、特別に注目を集めてきた二一号遺跡がある（口絵参照）。

この二一号遺跡が、沖ノ島に数ある祭祀遺跡の中でも、特別に注目を集めてきた理由は、この遺跡こそ、沖ノ島最古の祭祀形態を、一部に盗掘を受けたとはいえ、かなりとどめている可能性が高いからだ。とりわけ、祭壇遺構が残されている点は、きわめて貴重といっていい。

遺跡のあるF号巨岩に行くには、第三次の調査報告書では、沖津宮社殿より、B号巨岩（御金蔵）前を通り、C号・E号巨岩のあいだを三〇メートルばかりのぼっていくとF号巨岩に着くと書かれている。しかし、今回、私たちがとったルートは、社殿から灯台へと向かう道をしばらくのぼり、D号巨岩の上あたりから、藪《やぶ》の中を東に入って、I号巨岩をぐるっと回るかたちで南に向かい、G号巨岩の東側を通って、ようやくF号巨岩の北側にたどり着くというものだった。

帰り道は、E号巨岩をまわりA号巨岩の下に出たが、植物の繁茂状態が、第三次の調査がおこなわれた昭和四四年（一九六九）から昭和四六年（一九七一）のころとは、いささか異なっているようだ。

たとえば、第三次の調査報告書には、F号巨岩南側には視界をさえぎる樹々の茂りが少なく、巨岩上に立つと、小屋島、御門柱などが眼下に浮かび、玄界灘を一望のもとにおさめられる絶景が広がる、と書かれているが、現状では、F号巨岩の南側には樹木が生い茂っていて、視界をそうとうさえぎっている。この事実から推測して、祭祀が実際にいとなまれていた古代の景観が、いまとまったく同じだったという保証はないかもしれない。

まず最初に、F号巨岩の状況を説明しよう。巨岩上は、東辺が約八メートル、西南辺が約六メートル、西北辺が約五メートルの、ほぼ三角形。ちょうど三角形の南端の頂点が、海に向かうかたちになっている。しかも、その頂点がもっとも高く、そこから北に向かって傾斜がついているので、全体としては、一八号遺跡のあるI号巨岩と同様に、玄界灘に乗り出す舟のような印象がある。な

図20　21号岩上祭祀遺跡。舳先を上げた船によく似たかたちで、地面からほぼ垂直に切り立っている。（写真提供：宗像大社）

お、いちおう登り口になっている北側のところに、三段ほどの階段状の部分があるが、人工的な造作とはみなされていない。

F号巨岩の壁面は傾斜地にほぼ垂直に立ち、もっとも低く登り口になっている北側で、地上まで約三メートル。南端の最高点とのあいだには、約二メートルの高低差がある。巨岩の上にのぼるのは、足場が悪いこともあって、すこぶる難しい。私たちは、北側の登り口とされる場所に、梯子《はしご》をかけて、やっとのぼることができた。到達するまでの難易度という点では、沖ノ島の祭祀遺跡の中でも、最難関だろう。

二一号遺跡は、F号巨岩の中央の平坦部に築かれた長方形の祭壇である。発掘調査にたずさわった研究者たちによって、復元された祭壇は、以下のような姿だった。

長軸は北西―南東の方向を向いているので、

祭壇の四隅がそれぞれ東西南北を指していることになる。内法は二・五メートル×二・二メートル、外法は二・八メートル×二・五メートルの長方形。ほぼその中央部に長さ一・一メートル×幅〇・八メートル×厚さ〇・五メートル前後の大石を置き、西隅に長さ〇・七メートル×幅〇・四五メートル×厚さ〇・五メートルの大きめの石を置いて、その周辺に別区ともいえる部分をつくっている。大石の内側には、長さ四五センチメートル×幅二〇センチメートル×高さ三〇センチメートルほどの石を、他の石とは対照的に、立てている。

現状では、西隅にしか大きめの石は置かれていないが、北側の階段状の部分に散乱する複数の石の中にも、比較的大きいものがあることから、当初は東隅と南隅と北隅にも、その大きめの石が置かれていた可能性があるらしい。

また、祭壇の内側には小さめの角礫《かくれき》が敷かれ、全体を平坦にならしている。

祭祀の様相

祭壇の内側からは、さまざまな遺物が発見された。

鏡は、いずれも破片ではあるものの、五面分が発見された。その中の一面は銅の質、鋳上がりともに良好で、舶載鏡と判定されている。他は、仿製鏡の可能性が高い。

径が三センチメートルと、極端に小さい一面は、実用品ではなく、雛形品、つまりミニチュアらしい。雛形品といえば、雛形鉄刀や鉄製雛形鑿《のみがた》形品、鉄製雛形斧なども出土している。この点から、同じ岩上祭祀の遺跡でも、Ｉ号巨岩の祭祀遺跡よりは、少し遅い時期の遺跡とみなす説もある。見方を変えれば、この二一号遺跡こそ、岩上祭祀の最終的な形態であり、完成形態ともいえる。勾玉は、硬玉製・碧玉製・滑石製・琥珀《こはく》製の四種類があり、総計で三五個。管玉は、硬玉製・碧玉製・滑石製の三種類があり、総計で四一点。ガラス製の小玉が、三〇三個出土している他、滑石製臼玉や滑石製棗玉も出土している。鉄剣や鉄刀も、完形品は一つもなく、すべて破片ではあるものの、数は多い。鉄剣は一〇口以上、鉄刀は一八口以上もある。武器類は、その他にも、鉄鏃をはじめ、蕨手刀子、鉄製刀子、鉄鎌、鉋《やりがんな》、鉄斧、鋳造鉄斧、衝角付冑《しょうかくつきかぶと》などが出土している。

ということは、二一号遺跡には、一七号遺跡と同じように、王権のシンボルとして知られる鏡・玉・剣の三点セットがそろっていることになる。

個別の品として、特に注目されるのは、滑石製子持勾玉である。尾部と子勾玉を欠損しているが、現存の状態で長さが九・六センチメートル、厚さ三・三センチメートル。子は腹部に一個、背部に六個、両側に三個と四個の突起を削りだしている。工作そのものはけっして精緻ではなく、背部の子は弧状に、腹部と両側の子は方形突起を削りだすにとどまる。

この滑石製子持勾玉が特に注目される理由は、兵庫県小山遺跡V地点および京都府山開古墳から出土した作例とならんで、最古の形式とみなされているからだ。兵庫県立考古博物館学芸課長の大平茂氏によれば、大和地方で最古の可能性がある子持勾玉は、三輪山西麓の扇状地に立地する芝から出土した作例だが、その芝出土の作例ですら、二一号遺跡から出土した子持勾玉に比べれば、一形式遅いという。

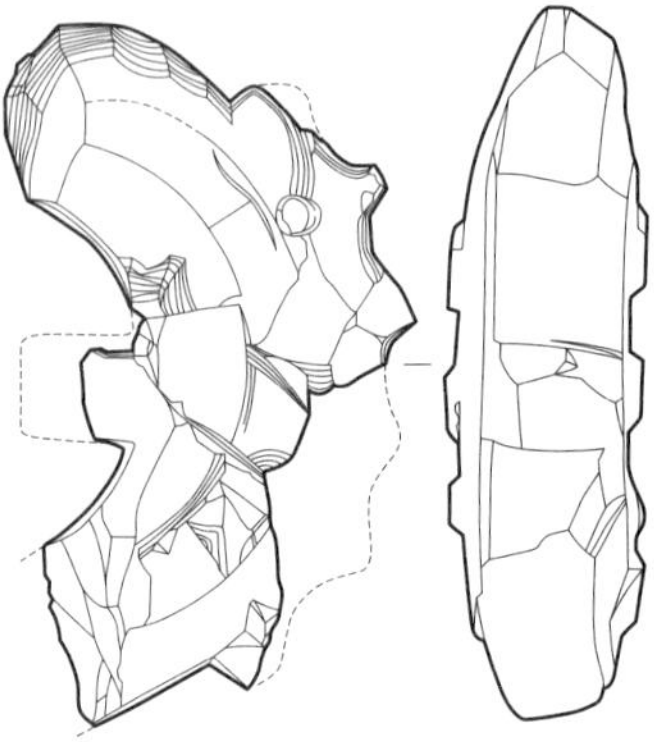

図21　子持勾玉の図（『宗像沖ノ島』FIG. 103-68をトレイス）

芝出土の子持勾玉は五世紀後半の作例と考えられている。したがって、二一号遺跡から出土した子持勾玉は、それ以前にさかのぼることになる。

さらに、大平氏は、子持勾玉は単に自然神・土地神を祀るものではなく、大和王権との関係があったと指摘。また、最古形式のものは、河内から大陸・半島進出の際に、西への拠点集落もしくは墳墓、そして最終拠点の海上交通にかかわる沖ノ島遺跡で使用している、と述べている（大平茂「三輪山麓出土の子持勾玉祭祀」『大美和』一一五号、大神神社、二〇〇八）。

これらの指摘は、沖ノ島の祭祀を考える上で、ひじょうに重要といわなければならない。

では、二一号遺跡の祭壇では、どのような祭祀がいとなまれていたのだろうか。

祭壇は、神を降ろす際の依代《よりしろ》。祭壇中央の大石は、榊《さかき》などを立てる神籬《ひもろぎ》。あまたの貴重な品々は、神に捧げる奉献品であり、神降ろしの際の祭具であった。滑石製の雛形品（ミニチュア）は、神籬として岩に掛け、榊の木につるし、祭具の機能を果たしていた。そして、そこでは、神話にいう垂直降臨タイプの祭祀がいとなまれていたというのが、通説のようだ。むろん、一七号遺跡の項で論じたように、「葬祭未分化」の段階にあったとみなされている。

これらの見解や指摘は、おおむねそのとおりなのだろう。ただ、私は、これらに加えて、この段階の祭祀では、祀られる者と祀る者もまた「未分化」の状態にあったのではないか、と考えている。ごく簡単に説明するならば、岩上祭祀の最中には、神を祀る役割の巫覡《ふげき》が、いわゆる神懸かり状態になって、神そのものと分かちがたい存在に変容を遂げ、神からの言葉や託宣《たくせん》を人間界にもたらすような事態が生じたのではないか、ということである。

大きな鉄鋌が出土した一六号遺跡

岩上祭祀の遺跡で、また別の意味で注目されているのが一六号遺跡である。注目されている理由は、この遺跡から大きな鉄鋌が出土しているからだ。

鉄鋌とは、読んで字のごとく、鉄の延べ板のことで、製鉄の素材である。加熱して、鍛えれば、剣や斧をはじめ、さまざまな武器・道具・農具となる。

鉄が、金銀のように主として装飾に使われるものを除けば、ありとあらゆる金属の中で、古今東西、もっとも重要な地位を占めてきたことは、いまさら指摘するまでもない。日本列島には、紀元前三世紀ころ、大陸から伝わったらしいが、当時の日本列島には、製鉄技術はなく、輸入に頼らざるをえなかった。日本列島で製鉄がようやく始まったのは五世紀ころで、その生産量はまだ微々たるものだった。

したがって、岩上祭祀の時代も、まだ依然として、朝鮮半島から輸入されていた。現代でいうなら、鉄はまさに戦略物質であり、その価格は、きわめて高かったと推測されている。そのきわめて高価な鉄鋌が出土しているとすれば、一六号遺跡が注目されるのも当然といっていい。

一六号遺跡は、すでに取り上げたI号巨岩の西側にある祭祀遺跡で、岩と岩が重なり合ってできた空間にあり、面積としてはごく小さいが、発掘調査報告書によれば、いろいろ難しい問題をはらんでいるらしい。なにしろ、遺物の出土状況が混乱をきわめていて、一回だけ祭祀がいとなまれた遺跡なのか、それとも二回にわたり祭祀がいとなまれた遺跡か、ということすら問題になっている。

なお、この混乱の原因を、発掘調査報告書は、オオミズナギドリの仕業ではないかと記述している。発掘の当時、I号巨岩の周囲には、オオミズナギドリの巣がことのほか多く、せっかく張った基準線をダメにしたり、出土した遺物を攪乱《かくらん》したりと、調査をさんざん邪魔されたという。

出土した遺物は、鉄鋌の他、鏡が二面、鉄剣・鉄槍・鉄刀・鉄矛・鉄鏃・鉄斧・蕨手刀子、勾玉、管玉、棗玉、ガラス製小玉、滑石製小玉、滑石製臼玉、滑石製大型臼玉、銅釧、鉄釧、石釧などである。ただし、その出土状況は、すでに述べたとおり、混乱をきわめていて、どういう形態で祭祀がいとなまれていたのか、うかがうすべはない。

鉄鋌は、いくつも破片の状態で出土し、破片を接合すると、二枚の鉄鋌となった。一枚は、現長四三・七センチメートル、最大幅一〇・〇センチメートル、最小幅九・〇センチメートルで、重量は八二六グラム。もう一枚は、現長三二・〇センチメートル、最小幅八・八センチメートル、重量は四一六グラムある。もとはもっと長く、五〇センチメートルくらいあったのではないか、と考えられている。

時期的には、他の遺物の検討から、五世紀ころだろうと推測されている。

沖ノ島では、この他に、六号遺跡と二一号遺跡と社務所前遺跡から、鉄鋌が出土している。ただし、その中でいちばん大きい社務所前遺跡から出土したほぼ完形の鉄鋌でも、長さは二二・三センチメートルにとどまる。したがって、一六号遺跡から出土した鉄鋌は飛び抜けて大きいことになる。

それどころか、大きいほうの鉄鋌の重量八二六グラムという数字は、本土の古墳から出土した事例に比べても、ひじょうに大きい。だいいち、鉄鋌が出土するのは、大概の場合、古墳の副葬品としてであり、沖ノ島のような祭祀遺跡から鉄鋌が出土した例は、ほとんどない。

それくらい貴重な鉄鋌が、沖ノ島の祭祀遺跡でも最古の段階に属すとされる一六号遺跡から出土したという事実は、なにを意味するのか。その答えは、沖ノ島の祭祀そのものが、鉄鋌を求めて、日本列島から朝鮮半島へ船出していった人々の航海無事を祈るために開始された可能性であろう。

鉄とクスノキ

ちなみに、最近、高価きわまりない鉄を輸入するに際し、日本側がなにを対価として支払ったかという問題について、まことに興味深い仮説が提示されている。その対価が、クスノキ材だったというのである。

その論旨はこうだ。

韓国の慶尚南道昌寧郡松硯洞古墳から、クスノキ製の木棺が出土した。あらためて百済や新羅の古墳を調べてみると、クスノキ製の木棺がかなり見つかった。

そもそも、クスノキで木棺をつくる習俗は、どうやら中国の南朝の影響らしい。クスノキは、ご存じのとおり、芳香を放ち、虫を寄せ付けず、しかも腐りにくいので、遺体をおさめる棺の材料としては、適している。

ところが、朝鮮半島には、クスノキは自生していない。どこからか、輸入してくる必要がある。しかし、あまり遠くでは無理だろうから、近い日本から輸入したのだろう。当時の日本は、朝鮮半島から鉄を輸入していたが、その対価になにを使っていたかは判明していない。とすれば、その対価にクスノキが使われていた可能性がある……。

もちろん、以上の仮説に対しては、反論も出されている。クスノキ材そのものも、クスノキで棺をつくる習俗と同じく、中国の南朝から輸入されたのだろうという指摘だ。

この論争は、朝鮮半島の古墳から出土したクスノキの棺を、科学的な手法で分析すれば、どこが産地かわかるはずなので、そのうちはっきりした答えが出るにちがいない。それまで、結論は保留しておくしかないが、朝鮮半島の鉄と日本列島のクスノキが交換されていたとすれば、とても興味深い話ではある。

岩陰祭祀の時代

岩上祭祀は五世紀の終焉とともに終わりを告げ、六世紀から七世紀の岩陰祭祀の時代に入る。

東アジア情勢を概観すれば、長らくつづいた南北朝時代が終わり、隋という統一国家が姿をあらわした（五八九年）。隋そのものは、すこぶる短命に終わったが、その後を受けた唐は、強大な世界帝国に成長を遂げ、周辺の国々に多大の影響をあたえることになる。

この時期、日本国内では、仏教公伝（五三八年）、それをきっかけに勃発した崇仏派と排仏派の対立、崇仏派の勝利と聖徳太子による仏教重視政策の実施、その一環としての遣隋使の派遣（初回は六〇七年）などをへて、天皇権力の強化をめざした大化の改新（六四五年）が起こっている。

いっぽう、朝鮮半島でも、大激変の季節を迎えていた。新興勢力の新羅の台頭とともに、旧勢力の百済は衰退の一途をたどり、これを受けて、大和政権の半島政策も変更をよぎなくされる。最終的には、日本本土から百済遺民の救援に向かった水軍が、唐と新羅の連合軍のために、白村江《はくすきのえ》の戦い（六六三年）で決定的な敗北を喫し、大和政権は半島に対する権益をことごとく失った。それどころか、今度は唐と新羅から侵攻を受けるのではないか、という疑心暗鬼に駆られるようになっていく。

このような政治情勢がどこまで影響したか、明らかではないが、沖ノ島では、この時期になると、祭壇が、巨岩の上から、巨岩の下の平坦地に移された。岩陰祭祀と呼ばれる理由は、巨岩の陰になるような部分、あるいは巨岩の一部がちょうど庇《ひさし》のように張り出しているところの下に、祭壇が築かれたからだ。

数からすると、この岩陰祭祀の遺跡が一二箇所と、もっとも多い。この事実は、この時期が、沖ノ島における祭祀のピークだったことを意味するのだろうか。

奉献品は、船載を含む武器・馬具・装飾品・工具・カットグラス・金属製雛形品・土器などで、ひじょうに見映えがするものが多い。沖ノ島が「海の正倉院」と呼ばれるゆえんは、この岩陰祭祀と次の段階の半岩陰・半露天祭祀の奉献品によるところが大きい。申し添えれば、これらの奉献品は、後期古墳（五世紀後半から六世紀）の副葬品と通じるところがある。

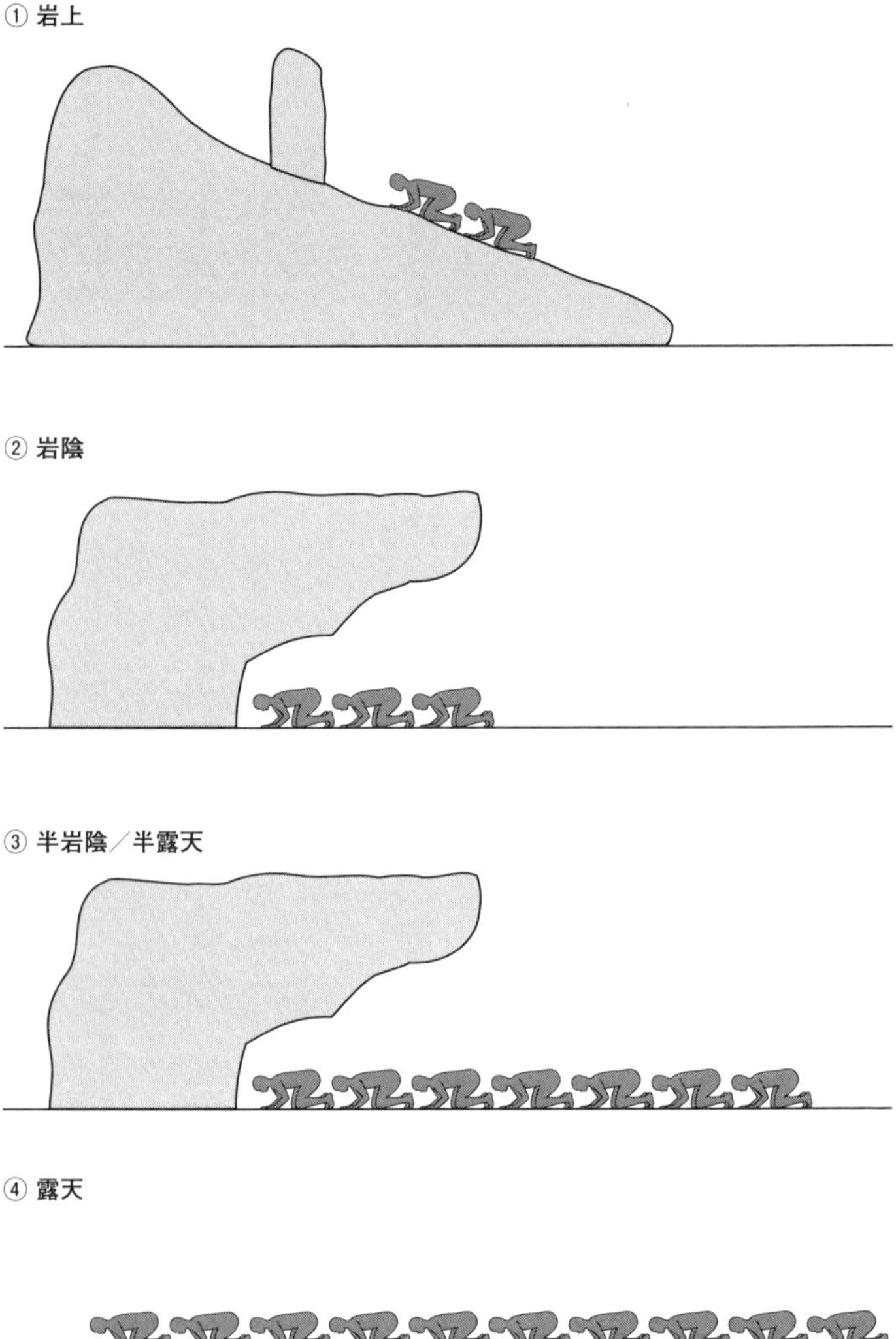

図22　4つの祭祀の形態

ただし、六世紀後半から七世紀前半ころの祭祀遺跡は、いまだ発見されていない。今後、発見される可能性は残っているが、少なくとも現状では未発見のままになっている。このことがなにを意味するのか。この時期の祭祀を考える上で、大きな問題となる。

豪華な出土品を誇る七号・八号遺跡

岩陰祭祀の遺跡の中でも、豪華な出土品で知られるのが、七号・八号遺跡である。七号遺跡は、沖津宮社殿から灯台へと至る道に沿って少しのぼった右側にあるD号巨岩の南側にある。同じD号巨岩の北側には、同じく岩陰祭祀遺跡を代表する八号遺跡がある。場所としては、道沿いということもあって、たどり着きやすい。八号遺跡は、残念ながら、盗掘された可能性があるらしいが、七号遺跡にはそういうことはないようだ。ただし、オオミズナギドリが遺物を散らかした可能性はあるらしい。

なお、D号巨岩のすぐ東側には、岩上祭祀の遺跡が集中するI号巨岩がある。この位置関係は、岩上祭祀から岩陰祭祀への移行を考えるときに、すこぶる示唆的だ。

D号巨岩は、南東側に岩が一つ位置するだけで、ほぼ単独の巨岩である。この点は、大小さまざまな岩を下にして、その上にのるようなかたちのI号巨岩とは、大きく異なる。

D号巨岩は、I号巨岩に面した東側をのぞくと、上部が、ほぼ全周にわたり、庇のように大きく張り出していて、文字どおり岩陰を提供している。そして、西北側に張り出した部分の中央には、研究者が「中央小岩」と呼ぶ岩が、地中から頭を少しのぞかせている。私の第一印象は、「雨宿りす

図23　7号岩陰祭祀遺跡。左側の大きな岩がD号巨岩。

るには最高の場所！」だった。

　七号遺跡も八号遺跡も、ともに地面が平坦で、物品を安置しておけるためか、遺物はそのままならべられていた。祭壇の範囲は、D号巨岩の庇のいちばん外側にあたる部分（研究者が「岩陰前線」と呼んでいる線）まで目一杯、設定されていた。

　出土品は、岩上祭祀の段階に比べれば、格段に豪華になっている。鏡は、盤龍鏡（竜虎鏡）など。武器類では、古代の鎧《よろい》である挂甲《けいこう》の小札《こざね》（鉄製の小板）、鉄剣、鉄矛など。装身具は、硬玉製勾玉、瑪瑙《めのう》製勾玉、ガラス製小玉・丸玉、ガラス製粟玉、ガラス製切子玉、金銅製釧、銅製釧など。また、土器（土師器《はじき》・須恵器《すえき》）も出土している。

　これまでになかった物品としては、黄金製指輪（口絵参照）をはじめ、金銅製馬具類（金銅製棘《きょく》葉形杏葉《ようがたぎょうよう》・歩揺付雲珠《ほようつきうず》・金銅製帯金具）［口絵参照］、鉄製馬具類（鉄製鞍金具）、金象眼付鞍金具、鋳造鉄斧などが姿を見せはじめる。これらの豪華な物品の多くは、古新羅《こしらぎ》時代（朝鮮半島を統一する以前の新羅）の古墳から出土する作例とひじょうによく似ているところから、新羅からの舶載品とみなされている。

特に注目を集めているのは、カットグラスの断片二つである。ごく小さな破片にすぎないが、二つをつなぎ合わせて復元すると、外側に浮出しの円文をもつ碗になる。このデザインは、イランのギラーン地方から出土した作例と瓜二つであることから、ササン朝ペルシアで製造され、はるかシルクロードをへて日本に招来されたものと推測されている。

この種のカットグラスといえば、正倉院に所蔵されている白瑠璃碗《はくるりわん》が有名だが、それに匹敵する品が、沖ノ島に奉献されていた。この事実は、沖ノ島の祭祀が、どれほど重要な意味をもつものであったか、雄弁に語っている。

半岩陰への移行期の二一号遺跡

岩陰祭祀の遺跡として、最後の段階に属するかもしれないのが二二号遺跡だ。また、立地や奉献品の内容においても、七号・八号遺跡とはまったく異なる傾向をもっている点でも興味深い遺跡といっていい。

この祭祀遺跡は、沖津宮社殿の東北一帯に集中している他の祭祀遺跡とは、かなり離れた場所にある。沖津宮社殿から灯台へと至る道をしばらくのぼり、ヘアピンカーブになっている箇所を曲がって少し行ったところで、道をはずれ、戦時中に造成された軍用道路を少し下っていった、黄金谷と呼ばれている地域の入り口に、二二号遺跡はある。

遺構は南に向き、小さな平坦部になっているが、遺構をはずれると、黄金谷へ急傾斜している。遺構の左右には巨岩がそびえ、そこを台として、中央にM号巨岩が、約三〇度の角度でおおいかぶさるように、庇を伸ばしている。このM号巨岩が、「依代」とみなされていたとおもわれる。

M号巨岩の基底部から庇までは約三・八メートル。遺構は、東と北と西の三方を、巨岩によって、カタカナの「コ」の字のかたちに囲まれた岩陰に位置する。

七号遺跡や八号遺跡のある場所とは違い、かなり不安定な感じのする場所である。現代人の感覚では、なにもこんな場所で祭祀をいとなまなくても、別にもっと良い場所がありそうなものだとおもってしまいそうだ。

祭壇は、南北が約四・八メートル、東西が約二・八メートルの長方形。開けた南側には、大小さまざまな石を組んで、区画をつくっている。また、祭壇の西側には、巨岩に基底部で接するかたちで、約一メートル四方の石囲いの張り出しがもうけられ、その石囲いの中は深さ五〇センチメートルほど掘り込まれている。

遺物は、ほとんどが石囲いの中から出土し、祭壇の奥のほうからもわずかに出土した。遺物のほとんどが石囲いの中から出土した理由は、祭祀の終了とともに、奉献品を一括して、石囲いの中に埋めたためではないか、と指摘されている。ただし、盗掘の可能性が指摘され、当初の姿をどこまでたもっているかを疑問視する研究者もある。

また、祭壇の下の急斜面からは、壺や大甕《おおがめ》のたぐいの須恵器と土師器、あるいは器台が、散乱した状態で出土した。その中で、なんといっても目を引くのは、大型の壺と大甕である。前者は、口縁径が二八・八センチメートル、器高が三二・六センチメートルあり、焼成も良い。後者は二個出土し、一個は口頸部と体部上面のみの状態で、口径が約二七センチメートルで、焼成はやや甘い。もう一個は完形で、口縁径が二四・八センチメートル、器高は四二・七センチメートルもあり、焼成も良い。

これらの土器類は、本来は、祭壇の端にならべられていたものと推測されている。その位置は、岩陰の限界線ギリギリのところといっていい。この点については、この二二号遺跡が、次の段階の祭祀の形態とみなされている半岩陰・半露天祭祀の萌芽ではないか、という指摘もある。

神専用の雛形品

石囲いの中から出土した遺物は、主として金属製の雛形品、いま流にいえばミニチュアが占めていた。他は、滑石製の臼珠と平玉が見られる。金属製の雛形品は、銅板の切金細工に金メッキをほどこしたもので、雛形品、紡績関係品、雛形容器類、その他から構成されている。このうち、もっとも多いのは紡績関係品である。

雛形品の中には、金銅製の人形《ひとがた》（全長五・一センチメートル）、円板（直径三・四〜四・二センチメートル）、鉄刀、鉄矛、鉄斧が含まれている。鉄刀・鉄矛・鉄斧とはいっても、ミニチュアだから、ごく小さく、むろん実用にはならない。

紡績関係品は、糸のもつれを防ぐために、一定の回数巻いた糸をかけておく道具の椯《たたり》。回転力を利用して、繊維をねじって撚《よ》りあわせ、糸にする道具の紡錘《つむ》。織機のタテ糸を巻く道具の縢《ちきり》。上糸と下糸のあいだに通したヨコ糸を手前に打ち込む道具の刀杼形製品。糸を操るための道具の反転《くるべき》などのミニチュアが出土している。

雛形容器類は、銅製細頸壺や金銅製高坏《たかつき》、銅製高坏が出土している。

ここで疑問となるのは、雛形品の意味である。雛形品、すなわちミニチュアというと、私たち現代人は、所詮は小型の模造品なのだからという理由で、実物よりも価値が劣ると考えがちだ。したがって、雛形品を奉献する行為は、実物を奉献する行為よりも、価値的には低いとおもってしまう。

しかし、古代人はそうは考えなかったらしい。むしろ、雛形品のほうが実物よりも価値が高いと信じていたようだ。その理由は、雛形品は神だけが使用できるという観念があったためであり、「神格化」が進めば進むほど、雛形品の奉献が増える傾向があるという（小田富士雄「沖ノ島祭祀遺跡の時代とその祭祀形態」『宗像沖ノ島』宗像大社復興期成会、一九七九）。

以上を総合すると、二二号遺跡では、主として、紡績にかかわるミニチュアを神に捧げる儀礼がいとなまれていたと推定できる。さきほど指摘したミニチュアの意味を考えれば、神に捧げる以上は、神がみずから布を織ることを想定していたはずだ。

そうなると、高天原において、素戔嗚尊《すさのおのみこと》が、神々のために衣類をつくっていた機織り場に、屋根から、逆さに剝いだ斑《まだら》模様の馬の皮を投げ込み、驚いた機織女が梭《ひ》で女陰を突いて死んでしまった、という記紀神話の逸話が思い起こされる。

この種の神話を、私たちはあくまで神話としてしか受けとれない。しかし、二二号遺跡でかつていとなまれていた祭祀を想像するとき、そのころの人々は、神がみずから機織りをすると、心底信じていたにちがいない。

いずれにしても、二二号遺跡に、紡績にかかわるミニチュアが奉献された背景には、このころ機織りがふつうの人々の生活の中で、急速に重要な地位を占めるに至った現実があったのだろう。

そういえば、古代国家の税制において、布のもつ意味はきわめて大きい。とすれば、二二号遺跡でいとなまれていた祭祀は、税制という現実政治と密接な関係をもっていたことになる。

しかも、この祭祀遺跡から出土している紡績関係品の椯や紡錘などは、天照大神を祀る皇大神宮《こうたいじんぐう》（伊勢神宮の内宮）の御神宝として、平安初期（一〇世紀）に編纂された『延喜式』に規定されているという事実がある。

ということは、少なくとも二二号遺跡における祭祀は、もはや岩上祭祀の時代とはそうとうに異なる様相を呈してきたと考えていいのかもしれない。つまり、「葬祭未分化」の状態が終わりを告げつつあり、同時に祀られるものと祀るものの「未分化」もまた終焉《しゅうえん》を迎えつつあったということである。それは、律令制度にもとづく祭祀の新たな形態が芽生え始めたということでもあったのだろうか。

半岩陰・半露天祭祀の時代

半岩陰・半露天祭祀は、岩陰祭祀の次の段階でいとなまれていたと考えられている祭祀のかたちである。その名称がしめすように、祭壇の立地が、岩陰を利用しつつも、岩陰を越えて、露天にまで広がっている。

時期としては、七世紀後半〜八世紀前半ころ。日本史でいえば、壬申の乱（六七二年）、藤原京への遷都（六九四年）、大宝律令の施行（七〇一年）をへて、平城京への遷都（七一〇年）という大事業がおこなわれた時期にあたる。

現在、この段階にあると考えられている遺跡は、五号遺跡と二〇号遺跡である。数こそ少ないものの、特に五号遺跡は奉献品はすこぶる多様かつ豊富で、まだ定型化された祭祀をもたない原始神道期から律令制と整合性をもつ歴史神道期への転換をしめす祭祀遺跡として、重視すべきだという指摘がある。

超一級品の宝物を捧げた五号遺跡

五号遺跡は、沖津宮社殿から灯台へと至る道を一〇メートルほど登った右側にある。沖津宮社殿のすぐ裏手というところだ。すぐ南側には、「御金蔵」で知られるB号巨岩がある。

遺跡は、C号巨岩を母岩として、左をC号巨岩の下にある比較的小さな岩に、右をB号巨岩に囲まれている。C号巨岩は、高さが一〇メートルにも達し、西側の面が大きく張り出して、庇の役割を演じている。位置関係から見て、このC号巨岩が「依代」とみなされていたにちがいない。なお、同じC号巨岩の北側の岩陰には、岩陰祭祀遺跡の六号遺跡がある。

遺跡の全体は、カタカナの「コ」のかたちになる。入り口にあたる部分には、小さな岩が地面の左右から出ていて、祭祀の場をかなりはっきり区画している。

祭祀がいとなまれた場所は、東西が約八・一メートル、南北が約五・二メートルほどで、西に開いている。ということは、祭祀は東に向かっていとなまれていたことになる。

床面はほぼ平坦で、奥のほうがわずかに高くなっている。この点は、祭祀には好都合だったとおもわれる。また、床面の南の壁に接する部分には、板石状に剝離した石片と小石が敷きつめられていた。

遺物は、遺跡のほぼ全面から出土したが、特に南の壁に接する部分、すなわち板石状に剝離した石片と小石が敷きつめられていた部分の奥の方から、集中して出土した。主な遺物は、金属製雛形品（金銅製五弦琴《ごげんきん》・金銅製人形・鉄製人形・鉄製武器類・紡績関係品）、武器類、玉類、土器類（須恵器・土師器）などである。もう少し詳しく説明すると、いちばん奥には金銅製雛形品や鉄製雛形品、その手前に土器類という順番になる。

五号遺跡の出土品の中で、もっとも有名な遺物といえば、中国の東魏《とうぎ》もしくは朝鮮半島で製造されたとされる金銅製龍頭《りゅうとう》（口絵参照）だが、これは、遺跡の南壁を形成しているB号巨岩の近くから、一個は立ったままで、もう一個はすぐそばで横になった姿で出土した。

金銅製龍頭とならんで重要な価値をもつ金銅製五弦琴は、南の壁に接して板石状に剝離した石片と小石が敷きつめられていた部分のいちばん奥のところから出土した。

また、貴重な船載品に他ならない唐三彩の破片が、遺跡のほぼ全体から出土した。ちなみに、唐三彩の小さな破片を接合して復元すると長頸瓶《ちょうへいけい》になるが、同じ長頸瓶の破片が七号遺跡からも出土している。唐三彩の製造時期から考えて、岩陰祭祀の段階にあった七号遺跡で使われたとは、とうていおもえない。とすれば、理由はまったくわからないが、誰かが五号遺跡から七号遺跡に持ち込んだと考えるしかない。

ちなみに、この五号遺跡からは、中世の鰐口《わにぐち》や三叉鉾《みつまたのほこ》、中国製の白磁なども出土している。この点から、沖ノ島では、中世になっても、小規模とはいえ、祭祀がいとなまれていた事実が明らかになっている。

金銅製龍頭と金銅製五弦琴

五号遺跡から出土した金銅製龍頭は、沖ノ島から出土したあまたの遺物の中でも、逸品中の逸品といっていい。龍頭は、貴人に差し掛ける傘や幡《ばん》をつり下げる竿頭《かんとう》に差し込んで使われた飾り金具で、五号遺跡から出土した金銅製龍頭でも、後方の円筒部には、留め金の鉄釘の痕跡が見られることから、この龍頭が木柄の先端に挿入されていたことがわかる。

その造形は、両眼を大きく見開き、口を開けた龍の頭部をあらわしている。材質的には、中空の青銅鋳造製で、全体に厚い金メッキがほどこされている。

二つでワン・セットを構成し、一つは長さ二〇・〇センチメートル、高さ一〇・二センチメートル。もう一つは長さ一九・五センチメートル、高さ一一・三センチメートルある。一見するとよく似ているが、鋳型は別々だったようで、装飾文様には微妙な違いが認められる。

製作の場所と年代については、六世紀の東魏という説が強い。その根拠は、様式的に類似した例が、東魏時代（六世紀）に開削された山西省天龍山石窟の第二窟に彫刻されている事実にもとめられる。したがって、この時期に中国でつくられ、高句麗など朝鮮半島を経由して、日本に伝来したとみなされている。しかし、一部には、朝鮮半島で製造されたという説もある。

中国文明圏では、皇帝の顔を「龍顔」といい、歴代王朝の皇帝たちが好んで龍の文様の付いた服を身にまとったように、龍は権力のシンボルにほかならなかった。龍頭も、この路線の上に成立した装飾品だったにちがいない。

五号遺跡から出土した金銅製龍頭の価値は、当時の日本人にとっては、まさに絶大というしかなかっただろう。造形のみごとさを見ても、どれくらい貴重だったか、想像にあまりある。それほど貴重なものを、あえて奉献したのだから、沖ノ島の神の権威もまた、想像を絶するほどのものだったと考えるほかない。

龍頭とならぶ宝物とされる金銅製五弦琴は、五弦琴の雛形、すなわちミニチュアである。材質は、銅版の上に金メッキをほどこしたもので、いまもなお、鮮やかな黄金色をたもっている。

頭部が少し破損している点を除けば、ほぼ完形をとどめる。長さは二七・一センチメートル、頭部の幅が五・八センチメートル、尾部の幅が六・五センチメートルで、いちばん幅の狭い弦穴の部分で幅が四・〇センチメートル、厚さは平均で〇・八センチメートルある。本体の他に、琴柱が五つ、出土している。

古代日本に五弦の琴が存在したことは、『隋書』の「倭国伝」に、「楽有五弦琴」の記述が見られる。たしかに、古代日本の琴は、埴輪《はにわ》によく見られるように、膝の上にのせて弾奏するもので、共

図24　5号半岩陰・半露天祭祀遺跡

鳴らせるための箱などはなく、先に六個の突起のある板に、五本の弦が張られていた。この突起が、鵄《とび》の尾に似ているので、「鵄尾琴《とびのをのこと》」の名称が付けられたという。

五号遺跡から出土した金銅製五弦琴も、尾部は撥《ばち》の先のような形態をしめしている。この点から、この金銅製五弦琴は、「鵄尾琴」の祖形ではないかという指摘がある。そして、「鵄尾琴」が、天照大神を祀る皇大神宮の御神宝の一つとして、平安初期に編纂された『延喜式』に規定されていることから考えても、この金銅製五弦琴がもつ価値はじつに大きい。

天照大神を祀る皇大神宮の御神宝といえば、この五号遺跡からも、岩陰祭祀の二二号遺跡と同じように、御神宝として規定されている紡績関係の金銅製雛形品が出土している事実を、申し添えておこう。

小規模で質素な二〇号遺跡

二箇所発見されている半岩陰・半露天祭祀遺跡の、もう一箇所が二〇号遺跡である。この遺跡は、岩上祭祀の遺跡が集中するI号巨岩の東南に位置し、黄金谷につづく東側急斜面に向かっている。

遺跡の背後には、「依代」とおもわれるL号巨岩がそびえ、その前面の岩陰となる部分を祭祀の場としている。L号巨岩は、横幅が約六メートル、高さは三・二メートル。下部は地中深くもぐりこんでいるらしい。

L号巨岩前面の庇となる部分は、他の岩陰祭祀の遺跡と比べると、すこぶる小さく、奥行きはせいぜい七〇～八〇センチメートルほどで、高さも同じくらいしかない。庇の直下はともかく、庇を少しでもはずれると、約四〇度もある急斜面になっていて、安定感はない。遺物は、岩陰と、それにつづく斜面に、幅が約二メートルの範囲で出土した。奉献品も、実物としては鉄刀・鉄製刀子・鉄製釧など、金銅製の雛形品として杯・鉄製儀鏡・鉄製刀子、玉類は僅かな数の勾玉と臼玉と平玉、土器類は須恵器の長頸瓶・平瓶・大甕などで、質も量も五号遺跡とは、まるで比べものにならない。

祭祀の状況は、研究者によって、こう想定されている。岩陰に武器や模造の鏡や杯を安置し、その前に神籬の榊を立て、その神籬に滑石製玉類や円板をつるし、そのかたわらに須恵器の容器類をならべていた。質素だが、鏡と玉と刀と土器という、神道祭祀の基本的な組合せが見られる点、および祭祀の品々が、実物から模造品へと移行している点も、注意すべきだろうという。時期的には、七世紀後半ころと考えられている。

ほぼ同じ時期の祭祀遺跡でありながら、二〇号遺跡と五号遺跡の極端なまでの落差は、いったいなにを意味するのだろうか。常識的に考えれば、沖ノ島における祭祀が、航海の安全を祈るものであった点から推して、二〇号遺跡で祭祀がいとなまれたときの航海と、五号遺跡で祭祀がいとなまれたときの航海とでは、その重要性に圧倒的な差があったということだろう。

どうしても私たちは、五号遺跡のような豪華な奉献品を出土した遺跡に目を奪われてしまう傾向がある。そして、その豪華さに、あれやこれやロマンティックな思いをふくらませるのが常だが、ほぼ同じ時期に、二〇号遺跡のように、質素な品々しか奉献できない航海があった事実も、忘れてはならない。

露天祭祀の時代

沖ノ島における祭祀は、露天祭祀というかたちで、最終段階を迎える。これまでの三段階の祭祀が、いずれも巨岩の存在を必須の要素としていとなまれてきたのとは対照的に、露天祭祀は、もはや巨岩の存在を必須の要素とはしていない。もっぱら平坦な地面を祭祀の場としているからだ。

露天祭祀の遺跡の代表例は、一号遺跡である。二号遺跡と三号遺跡も露天祭祀の遺跡とする見解もあるが、このうち、二号遺跡は未調査であり、三号遺跡については露天祭祀の遺跡という説と岩陰祭祀の遺跡という説がある。

一号遺跡の立地は後で詳しく述べるとして、まずは二号遺跡と三号遺跡について、ごく簡単に説明しておこう。

二号遺跡は、沖津宮社殿の南側にあるA号巨岩の南西の平坦地にある。未調査のため、これ以上のことはいえないが、社殿に近いということもあって、人の足でかなり踏み固められている感が強い。

三号遺跡は、沖津宮社殿の南側にあるA号巨岩の下に位置する。A号巨岩からは庇が出ているものの、その出方があまり大きくないので、露天祭祀だ、いや岩陰祭祀だ、という両説が提示されているようだ。この遺跡は、社殿を建築する際に、石垣をつくり、地面をかさ上げしたために、大部分がその下に埋もれてしまい、全体像がわからなくなってしまっている。奉献品は、一号遺跡と同じく、須恵器と土師器と滑石製形代類が主で、古代祭祀の最終段階に属するものが含まれている。

仮に、二号遺跡と三号遺跡が露天祭祀の遺跡だとしても、一号遺跡に比べれば、規模はずっと小さい。したがって、ここでは、露天祭祀の遺跡の代表例として、一号遺跡について述べることとしたい。

大量の国産奉献品で埋め尽くされた一号遺跡

御前の船着き場から、社務所前遺跡をへて、沖津宮社殿をめざして、参道の急な階段をのぼって行くと、ようやく平坦地に出る。そこに、小さな木の鳥居が立っている。この鳥居から、そのまままっすぐに社殿に向かう新参道と、南側に迂回する旧参道とが、分かれている。この新旧の二つの参道にはさまれたゆるやかな斜面に、一号遺跡がある。

遺跡は、南北が約一〇メートル、東西が約九メートルほどの、楕円に近い形状をしめしている。南に低く、北に高く、その間に約一・五メートルの高低差がある。東西の方向では、西が高く、東

図 25　1 号露天祭祀遺跡。平坦な地面が広がる。（写真提供：宗像大社）

がやや低く、中心とおぼしいあたりがやや高く盛り上がっている。

遺跡の東南の隅には大石があって、祭壇の東南を区切り、割石を敷いた壇列が北と南に延びている。この点については、東南の隅あたりが、遺跡の中でもっとも低く、割石で祭壇列を構成する必要があったのだろうと推測されている。

一号遺跡を特徴づけるのは、なんといっても、おびただしいとしか表現しようのないくらい、大量の出土遺物である。奈良時代から平安初期ころに製造されたとおもわれる杯・蓋・鉢・高坏・壺・甕などの須恵器を中心に、奈良三彩の小壺類、皇朝銭（富寿神宝《ふじゅしんぽう》）、八稜鏡、滑石製の人形・馬形・舟形などが、出土している。その量のあまりの多さに、調査はまだ半分ほどしかできていないらしい。

須恵器の中には、有孔《ゆうこう》土器のように、沖ノ島でしか見られない様式のものもある。製作された場所については、この遺跡から出土している器台とよく似た形式のものが宗像市内から出土することから、宗像周辺の窯《かま》で焼かれたものが、沖ノ島に持ち込まれたと推測されている。

奈良三彩は、唐三彩をまねて日本で製作された施釉陶器で、無色透明の白釉《はくゆう》と銅の緑釉《りょくゆう》と鉄の褐釉を鹿の子にかけて、美しい文様を描き出している。唐三彩をまねて製作されたとはいっても、製造法はそうとうに異なり、中国産のように轆轤《ろくろ》を使って大量に生産されることはなく、一つ一つ丁寧に手作りされていた。そもそも、唐三彩がほとんど「明器」、つまり墓の副葬品として製作されたのに対し、奈良三彩は必ずしもそうではなく、官衙《かんが》や寺院や祭祀にも用いられていた。

つくられた数はけっして多くはなかったようで、奈良三彩の小壺の出土例は、蓋だけや破片のみの例を合計しても、日本全国で一〇〇ほどといわれる。ところが、この沖ノ島からは、一号遺跡を中心に、十数個も出土している。

さらに、沖ノ島から出土した高台付きのタイプと同じものが、岡山県笠岡市の大飛島《おおひしま》や三重県鳥羽市の神島《かみしま》からも出土している。この二つの島は、対外交渉に関係する重要な航路のすぐ近くに位置し、国家的な祭祀がいとなまれていたと推測されている。ということは、この一号遺跡もまた、国家的な祭祀の場だった可能性がすこぶる高い。

富寿神宝は、弘仁九年（八一八）に初めて鋳造された皇朝十二銭の一つであり、祭祀にあたり、奈良三彩の小壺類や八稜鏡《はちりょうきょう》とともに、畿内地方から持ち込まれたものと考えられている。

また、須恵器や三彩の小壺類の器形の分析から、この遺跡では、沖ノ島の他の遺跡とは異なり、複数回にわたって、祭祀がいとなまれた可能性も指摘されている。

しかし、これほど大量の奉献品が出土しながら、その中には舶載品はまったく見られない。つまり、国産品ばかりで、かつてのように外国から輸入された貴重な物品が一つもないのである。下世話な表現を許していただくなら、朝鮮半島や中国へわたる航海の安全を祈るに際し、もっぱら質より量で勝負していたといっていい。はっきりいって、もはや高額の出費はなされていない。祭祀の形式化も進行している。

この事実は、航海の安全を祈る祭祀が、かつてほどの重要性を失ったことを意味しているのかもしれない。奈良三彩の小壺の存在は、確かに一号遺跡でいとなまれた祭祀が国家的な祭祀であったことを物語るが、それも国家が関与していることをしめすシンボル以上の意味はもっていなかったのだろう。

露天祭祀の時代は、遣唐使が廃止された時期に近い。遣唐使が廃止された理由については諸説あるが、なにも国家が莫大な費用をかけて使節を派遣しなくても、民間の交易船で十分に用は足りたからだ、という説が強くなっている。航海技術も、沖ノ島で初めて祭祀がいとなまれた四世紀から五世紀のころとは、比較にならないくらい、向上していたはずだ。とすれば、沖ノ島でわざわざ国家が祭祀をいとなむ理由はなくなる。一号遺跡の様相は、当時のこういう風潮を象徴しているように見える。

律令時代の祭祀の目的と終焉の時期

沖ノ島における律令時代の祭祀の目的、とりわけその後期における目的、および終焉の時期について、考察しておこう。

これまでの通説では、遣唐使の航海安全を祈ることが主たる目的であり、一〇世紀初頭が終焉の時期とされてきた。これに対して、異論がないわけではない。たとえば遣唐使以外の派遣使節、具体的には統一新羅や渤海への派遣使節の航海安全を祈ることもあったのではないか。終焉の時期は、実際には承和五年（八三八）の第一九次を最後に、遣唐使は派遣されなくなったので、祭祀をいとなむ必要もなくなったはずで、寛平六年（八九四）の遣唐使廃止を待つまでもなく、九世紀とみなしたほうがいいのではないかという疑問も出されている。

じつは、これらの点については、第三次調査隊の隊長をつとめた岡崎敬氏が、報告書の中で、詳しく論じている（岡崎敬「律令時代における宗像大社と沖ノ島」『宗像沖ノ島』宗像大社復興期成会、一九七九）。私も、現時点では、この論考の結論がもっとも妥当と考える。そこで、以下、要点をあげながら、私なりの考察と論証も加味して、疑問に答えておこう。

まず、祭祀の目的が、もっぱら遣唐使の航海安全のみだったか否かという点は、祭祀遺跡の調査分析や残された文献から、最末期を除けば基本的にそう考えていいのではないか、とおもわれる。

遣唐使の派遣に際して、奈良の春日山麓の「神地」でいとなまれた祭祀については、『続日本紀』に記載がある。一号遺跡は、その結構や出土遺物から考えて、「神地」とみなしてまちがいなく、『続日本紀』に記載されているのと同じ祭祀がいとなまれていた可能性がきわめて高い。

また、遣唐使の出立に際して、朝廷から宗像神社に、航海安全を祈ってほしいと依頼があったことは、たとえば最後の遣唐使となった第一九次のときの経緯を記す『続日本後紀』から証明できる。巻七の承和五年（八三八）三月甲申廿七日の条には、「甲申。勅曰。遣唐使頻年却廻。未遂過海。夫冥靈之道。至信乃應。神明之德。修善必祐。宜令大宰府監已上。毎國一人率國司講師。不論當國他國。擇年廿五以上精進持經心行無變者。度之九人。香襲宮二人。大臣一人。八幡大菩薩宮二人。宗像神社二人。阿蘇神社二人。於國分寺及神宮寺。安置供養。使等往還之間。專心行道。令得穩平云云」と書かれていて、遣唐使の派遣がうまくいかないので、宗像神社をはじめ、全国の有力な神社や神宮寺に祭祀の実効を依頼したことがわかる。

同じく、巻一二の承和九年（八四二）七月乙未三日の条には、「秋七月癸巳朔乙未。遣使於筑前國宗像神。竈門神。肥後國健磐龍神等諸社奉幣。緣有祟也」と書かれている。内容は、「祟りがあった」ので、勅使が、宗像神社をはじめ、九州の三つの神社に派遣されたという意味になる。どういう「祟りがあった」のか、書かれていないが、二年ほど前の承和七年（八四〇）四月に、宗像大社に勳八等五位下という「神階」、すなわち神に対する位階が授けられている事実から推測して、宗像の神々が、「せっかく遣唐使の航海安全に寄与したのに、授けられた「神階」が低すぎる！」と、不満を漏らしたのかもしれない。

このように、宗像神社が遣唐使の派遣に寄与したことは、文献からも確認できる。ところが、統一新羅や渤海への使節に際して、宗像神社がかかわったことをしめす文献は見当たらないようである。また、出土した遺物から、統一新羅や渤海との特別な関係を示唆するようなものも、発見されていないようだ。

したがって、少なくとも現時点では、沖ノ島における律令時代の祭祀の目的、とりわけその後期における目的が、主として、遣唐使の航海安全を祈ることにあったとみなして問題ないだろう。

新羅海賊討滅に貢献

しかし、最末期の祭祀の目的が、もっぱら遣唐使の航海安全を祈ることだけだったとは断言できない。岡崎敬氏の論考は、この点も鋭く突いている。

以下の表をご覧いただこう。九世紀後半から一〇世紀前半の時期にかけて、宗像神社が朝廷から授かった「神階」の変遷である。

文徳天皇	嘉祥三年（八五〇）一〇月七日	従五位上
	仁寿三年（八五三）二月三日	正五位下
	天安元年（八五七）一〇月二日	正三位
清和天皇	貞観元年（八五九）正月二七日	従二位
宇多天皇	寛平元年（八八九）一二月二五日	従一位
朱雀天皇	天慶年間（九四〇年代）正一位勲一等	

百年足らずで、従五位上から正一位勲一等まで上昇している。人間にたとえれば、五位以上が貴族の位階だったから、従五位上は貴族の末席に近い地位。正一位勲一等は、いうまでもなく、位階の最高位である。つまり、宗像神社は、貴族の末席近くから最高位まで、あっという間に、上り詰めてしまったことになる。

どう考えても、この上昇ぶりは異様だ。なにか特別の理由でもなければ、このような事態はけっして起こらない。よほど、朝廷に貢献を果たしたとしかおもえない。

岡崎敬氏の指摘によれば、九世紀後半から一〇世紀の中ごろにかけて、宗像神社の神階が急速に上昇した理由は、「新羅の凶賊」を討滅するにあたり、大きな功績があったためらしい。いいかえれば、沖ノ島における最末期の祭祀は、新羅の海賊を対象に、その脅威を取り除くことが、目的だった可能性がある。

現に、『日本三代実録』巻一三の貞観八年（八六六）一一月一七日戊午の条には、「勅曰。廼者恠異頻見。求之蓍龜。新羅賊兵常窺間隙。災變之發唯縁斯事。夫攘災未兆。遏賊將來。唯是神明之冥助。豈云人力之所爲。宜令能登。因幡。伯耆。出雲。石見。隱岐。長門。大宰等國府。班幣於邑境諸神。以鎭護之殊効。又如聞。所差健兒。統領選士等。苟預人流。曾無才器。徒称爪牙之備。不異蟷蜋之衛。况復可教之民。何禦非常之敵。亦夫十歩之中必有芳草。百城之内寧乏精兵。宜令同國府等勤加試練必得其人」とあって、新羅の賊兵が隙をうかがっているようなので、その害を未然に防ぐために、能登・因幡《いなば》・伯耆《ほうき》・出雲・石見《いわみ》・隠岐・長門《ながと》・大宰府の管内に勅使を派遣して、領内の諸神に冥助《みようじよ》（神仏の助力）を願い、同時に防御の備えをかため、兵の訓練にあたるように、命じていたことが判明する。

さらに、巻卅四の元慶二年（八七八）一二月廿四日乙酉の条によれば、朝廷は勅使を大宰府に派遣し、宇佐八幡・姫神・住吉・宗形などの大神に幣《ぬさ》を奉らせている。確かに、「廿四日乙酉。遣兵部少輔従五位下兼行伊勢権介平朝臣季長、向大宰府、奉幣櫃日、八幡及姫神、住吉、宗形等大神。其櫃日、八幡、姫神、別奉綾羅御衣各一襲、金銀装宝劔各一。以彼府奏有託宣云。新羅凶賊、欲窺我隙。并肥後国有大鳥集、河水変赤等之恠也」と書かれていて、大宰府から、新羅の凶賊が日本国の隙をうかがっているとの託宣があり、その他にも、肥後の国で鳥が大量に集まったり、川の水が赤くなったりするような凶兆が上奏されたため、その対策の一環として、勅使が派遣されたという。

この記載から推測すれば、ほぼ一〇年後の寛平元年（八八九）の一二月二五日に、従一位の神階が授けられた理由は、新羅の凶賊を防ぐにあたり、沖ノ島の祭祀がすこぶる功績をあげたための見返りと考えてもいいのではないか（あるいは宗像が僧兵ならぬ神軍を私兵として養っていて、新羅の凶賊を軍事的に滅した可能性もある。さらには、内通していたとまではいわないが、日本と新羅のあいだに介在することで、なんらかの利権をえていた可能性すら否定できない）。

新羅の航海民といえば、円仁の苦難に満ちた求法の旅を、陰に陽に支援した張宝高《ちょうほこう》（張弓福）が名高い。この当時、新羅人は、朝鮮半島はもとより、中国の山東半島にまで進出して拠点をもうけ、東シナ海を股にかけて、縦横無尽の活躍ぶりをしめしていた。

ただ、古代や中世の航海民の活動は、倭寇がそうだったように、相手先との交易が順調に推移しているうちは友好的な商人だが、ひとたび不調に陥ると暴力を行使しても利益を追求する不敵な海賊に豹変《ひょうへん》しがちな傾向があった。

特に、九世紀中ごろともなると、新羅王権の衰退は甚だしく、航海民の行動を制御できなくなっていた。この時期、『日本三代実録』に新羅海賊にまつわる記載が俄然、多くなるのは、そういう半島側の事情を反映している。そして、この状況は、宗像神社にとって、その存在を誇示するには絶好の機会だったにちがいない。

天慶四年（九四一）ころに正一位勲一等が授けられた理由は、いわゆる承平天慶《じょうへいてんぎょう》の乱（平将門と藤原純友の乱）の際、藤原純友を鎮圧するにあたり、功績があったゆえと考えたほうが無理がない。ただ、その前の段階で、新羅の海賊対策を通じて、宗像神社は、海に跳梁跋扈《ちょうりょうばっこ》する「凶賊」の討滅にいちじるしい効験があるという認識が、朝廷においてすでに固められていたと考えないと、話のつじつまが合いにくい。

こういう事実を総合すれば、最末期の祭祀の目的が新羅の海賊対策にあったことは、まず確実だろう。もし仮に、そうだとすれば、沖ノ島における国家的な祭祀は、通説の一〇世紀初頭どころか、一〇世紀の中ごろまで、いとなまれていたのかもしれない。

そもそも、岡崎敬氏が、沖ノ島における祭祀の終焉を九世紀後半ないし一〇世紀初頭とした根拠は、あくまで考古学的な知見にもとづき、最末期の祭祀遺跡とみなされている一号遺跡から出土した土器の編年にある。八九四年に遣唐使が廃止されたという歴史的な事実は、いわば傍証としては使われているが、それ以上のものではない。最後にこの点を確認しておきたい。

第三章●時代とともに生きた宗像大社

ムナカタ・胸形・胸肩・宗像

いつのころからか、玄界灘に面する北九州の海辺には、海に生活の糧を求める「海人族《かいじんぞく》」が、いくつか住み着いていた。

たとえば、現在の鐘崎《かねざき》漁港の西側にある鐘崎貝塚からは、アサリやアカガイのように海浜に生息する貝類、ナガニシやクボガイのように岩礁地帯に生息する貝類に混じって、シジミやニナのように淡水域に生息する貝類、さらにサメの歯でつくられた首飾り、釣り針、石銛《いしもり》などが出土している。鐘崎貝塚は、出土した土器の特徴的な文様から、縄文時代後期（四〇〇〇〜三〇〇〇年前）の生活遺跡と見られ、このころから海人族の活動が始まっていたと推測されている。

玄界灘周辺の海人族としては、『日本書紀』や『古事記』の記載から、志賀島を本拠とし、阿曇磯良《あづみのいそら》を始祖とする志賀の海人、糸島郡の久米を本拠としていた久米の海人などの存在があげられる。

その海人族の中に、沖ノ島を崇拝し、ムナカタと名乗る人々の集団がいた。かれらは、潜水漁労を中心に、優れた航海技術を駆使して、北九州に君臨していたとおもわれる。

しかし、かれらがムナカタと名乗った理由は、まだよくわかっていない。

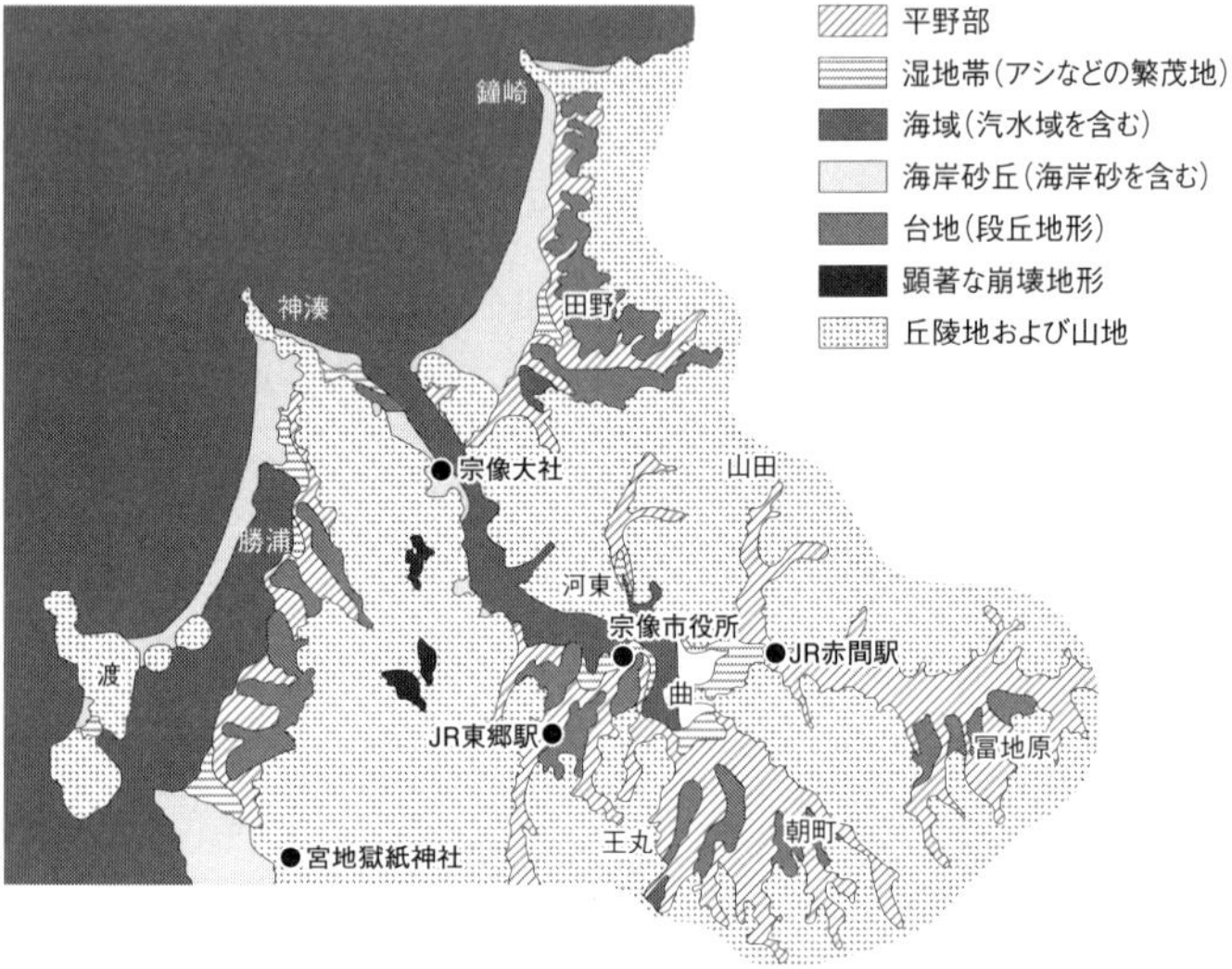

図 26　縄文時代（約 4700 年前）の宗像の地勢（『宗像遺産　自然遺産編』をもとに作成）

図 27　宗像地方の古代地図（『宗像沖ノ島』FIG. 152 をもとに作成）

ムナカタの名が史料に初めて登場するのは、『日本書紀』の「応神紀」四一年（三一〇）二月の条だ。そこには、「是月、阿知使主等、自呉至筑紫。時胸形大神、有乞工女等（この月、阿知使主《あちのおみ》たちが呉から筑紫に帰ってきたとき、胸形大神が工《ぬ》女《ひめ》［機織りの女性］たちを欲しいといわれた）」と書かれている。時代を下って、同じ『日本書紀』の「天武紀」二年（六七三）の条に「胸形君徳善《むなかたのきみとくぜん》」という個人名も出てくる。

これらの漢字表記を根拠に、自然人類学者の金関丈夫氏は「胸に入墨をしていたため、胸形の名がつけられたのではないか」と述べている。同じく、大林太良《たりょう》氏も、南方系海洋民の習俗を加味して、ムナカタは胸に鱗《うろこ》形の入墨をした海部の子孫と考え、『魏志』「倭人伝」の「男子無大小皆黥面文身（男性は年齢に関係なく、みな顔と身体に刺青をしている）」という記述にも符号すると述べている。

さらに、『日本書紀』の「神代上」第六段の、「宗像三女神」の誕生を描写する部分に、「此則筑紫胸肩君等所祭神是也（これが筑紫の胸肩の君が祭る神である）」という記述があるところから、胸の他に、肩にも刺青をしていたので、「胸肩」と考える説もある。

ちなみに、『日本書紀』や『古事記』を読むと、安曇氏の場合は「阿《あ》曇《づみ》目《め》」、久米氏の場合も、「黥《さけ》利《ると》目《め》」といって、ともに目の縁に刺青をしていたと書かれ、海人族に刺青をする習俗があったことを物語っている。

その他に、玉や鏡を「身体之形」にして、ムナカタの神を表現したので、「身形《むなかた》」もしくは「宗《むな》形《かた》」と呼ばれたという説もある。また、古代では、現在は宗像大社の脇を流れる釣川の上流部まで、海が入り込み、広い干潟を形成していたので、「沼《む》無《な》潟《かた》」もしくは「空潟《むなかた》」、「水沼《むなかた》」と呼ばれたという説もある。

このように、ムナカタという名の由来は諸説紛々だが、表記は、胸肩・胸形・胸方から宗形をへて、平安初期のころには宗像という名前に固定化された。そして、これまでの考古学や歴史学の成果から、どんなに遅くとも四世紀後半には、現在の宗像の地域に、大豪族として、確固たる地位を築き上げたことは、確かである。

以下、本書では、ムナカタを宗像と表記して、話を進めていこう。

後背地にも恵まれていた宗像氏

もし、宗像氏が、潜水を中心とする漁労だけの海人集団に終始していたのなら、大きく成長することはなかっただろう。漁労によってつちかわれた優れた航海技術を積極的に駆使して、荒海で名高い玄界灘を越え、大陸との交易に乗り出したからこそ、他の海人集団には見られない大豪族に発展できたにちがいない。

その宗像氏にとって、釣川の流域に豊かな穀倉地帯を確保できたことは、大きな意味があった。歴史学では、港湾の背後に位置して、その港湾を支配する政治勢力の経済的な支えとなる地域を「後背地《こうはいち》」というが、釣川流域の穀倉地帯は、まさに宗像氏のかけがえのない後背地として機能した。

もともと北九州一帯は、ご存じのとおり、稲作栽培の先進地帯である。当時の日本列島では、抜群の穀物生産能力をもっていたはずだ。その蓄積があってはじめて人間の集団は、大きく発展できる。この点は、もはや世界史的な法則といってもいい。

近年、人類学の成果によれば、もっぱら狩猟採集に頼らざるをえない社会では、その発展に限界があることがわかってきている。動物の捕獲と食用植物の採集のみでは、自然条件に振り回されて、食料を十分かつ安定的に確保できず、きわめて不安定な社会になってしまうのである。

たとえば、沖縄本島くらいの面積があっても、狩猟採集では人口はなかなか増えないどころか、自然条件が悪くなると、絶滅の危機すらあるらしい。現に、港川人《みなとがわじん》をはじめとする沖縄の旧石器人は、一万八〇〇〇年ほど前に、新天地を求めて琉球列島に到達したものの、結局は永続的に子孫を残すことができずに滅亡した可能性が指摘されている（篠田謙一『日本人になった祖先たち―DNAから解明するその多元的構造』NHKブックス、二〇〇七）。

その点、宗像氏はひじょうに恵まれていた。いまも述べたように、すこぶる豊かな後背地をもっていたからだ。大陸への玄関口という立地を考え合わせれば、古代の豪族としては、日本列島の中でも、もっとも理想的な環境にあったとさえいえる。

大和政権の戦略的パートナー

宗像氏が恵まれていたのは、立地や後背地といった環境だけではなかった。歴史的な環境にも恵まれていた。

宗像氏が、大豪族として、地域に確固たる地位を築き上げた四世紀の後半、畿内を本拠とする大和政権の力は、北九州におよびつつあったとはいえ、九州全域を掌握するには至っていなかった。

このころの大和政権にとって最大の課題は、朝鮮半島の西南部にあって親大和政権の政策をとる百済や伽耶《かや》と手をむすび、半島東南部の新羅をはじめとする反大和政権の勢力を牽制しつつ、政治と経済の両面で、権益を確保することにあった。

あらためていうまでもなく、朝鮮半島から輸入されてくる先進文明の数々は、大和政権にとっては、文字どおり、垂涎《すいぜん》の的だった。とりわけ鉄は、日本列島の内外に蟠踞《ばんきよ》する敵と戦うための武器を製造するにも、食料生産を飛躍的に高める優れた農具を製造するにも、絶対に欠かせない最重要の、いわば戦略物質だった。

それにもかかわらず、日本列島の内部では、鉄はまだ完全な自給自足の段階にはなかった。なんとかして、鉄を入手したい、それも、できるだけ大量に、かつ安定的に入手したい。それが大和政権の切なる願いだった。

その大和政権が、北九州における、みずからの戦略的パートナーとして、白羽の矢を立てたのが、ほかならぬ宗像氏だった。この当時、玄界灘沿岸から壱岐をへて、沖ノ島を間近に見ながら、対馬経由で朝鮮半島の南部に至る海上の道を、宗像氏はすでに掌握していたとおもわれる。

この海上の道は、百済や伽耶との関係強化をはかりたい大和政権にとっては、まさに生命線といってよかった。この海上の道を自在に使えれば、メリットははかりしれない。そのためには、どうしても宗像氏と強い絆をむすぶ必然性が、大和政権にはあった。

もちろん、宗像氏にとっても、大和政権と強い絆をむすぶことは、政治的にも経済的にも大きなメリットがあったはずだ。国内をまだ完全には統一しきれていないとはいえ、他にならぶもののない勢力と親しい関係になれば、当然ながら、その権威は飛躍的に上昇する。地域に君臨する上で、これ以上の方策はない。

沖ノ島における国家的な祭祀が、四世紀後半から開始された背景には、宗像氏と大和政権の、このような思惑があったにちがいない。そして、それは、百済や伽耶と大和政権との通好の開始と、ぴったりと重なっていた。

ちなみに、古代にあっては、協力関係の締結は、現代のように、契約書を取り交わすことではなかった。よく見られたかたちは、相手の祀る神々を、自分もまた祀るという行為である。

宗像氏と大和政権のあいだでも、この方式が選ばれた。すなわち、宗像氏が祀る三女神を大和政権も祀ることで、両者の協力関係が成立した。その証拠に、沖ノ島の祭祀遺跡からは、明らかに大和政権が自分たちの地域で祭祀に奉献していた品々が、出土している。また、『日本書紀』の「応神紀」・「履中紀」・「雄略紀」の記述からも、この間の事情をうかがうことができる。

強化された絆

以来、沖ノ島における国家的な祭祀は一〇世紀の初頭まで、六〇〇年近くも連綿とつづいた。この間、祭祀の形態は、前章で述べたように、岩上祭祀（四世紀後半～五世紀）→岩陰祭祀（六世紀～七世紀）→半岩陰・半露天祭祀（七世紀後半～八世紀前半）→露天祭祀（八世紀～一〇世紀初頭）というぐあいに、変遷していった。

おそらく、この変遷の裏には、変遷せざるをえないような理由があったとおもわれるが、現段階では、すべて解明できたとまではいえないようである。

ただ、全部で二三箇所を数える遺跡の中で、岩陰祭祀の遺跡の数が一二箇所と、半数以上を占め、圧倒的に多い事実は、注目してしかるべきだろう。なぜなら、この祭祀の形態が実施されていた六世紀から七世紀におよぶ時期、国内外ともに、諸事多難だったことが確かだからである。

朝鮮半島では、大和政権の朝鮮半島南部における橋頭堡として機能していた伽耶が新羅に滅ぼされ（五六二年）、長らく親しい関係にあった百済も衰退の一途をたどって、半島情勢は危機的な状況に陥っていた。

中国大陸では、後漢の滅亡（二二〇年）以来、三七〇年近くもつづいた分裂状態に終止符が打たれ、隋が統一を果たしている（五八九年）。この隋による中国の統一は、かつてなかった強大な国家の誕生を意味し、その周辺諸国に、強いプレッシャーをあたえずにはおかなかった。事実、隋は高句麗討伐という挙に出た。

国内では、従来の王朝とはいささか系統の異なる可能性がある継体王朝が成立（五〇七年）。次いで、失地回復をはかって、朝鮮半島南部へ出兵しようとした近江毛野《おうみのけな》率いる大和政権軍を、筑紫君《つくしのきみ》磐井《いわい》がはばみ、戦闘状態になるという「磐井の乱」が勃発した。

なぜ、磐井の乱が起こったのか、をめぐっては、新羅からの賄賂《わいろ》という説をはじめ、朝鮮半島南部における利権抗争説など、古来いろいろの見解がある。その当否はともかく、舞台が九州だったことから、宗像氏にも大きな影響をあたえたにちがいない。

しかし、原因がどのようなものであったにせよ、宗像氏が一貫して大和政権との関係を重視したことはまちがいない。結果的に、磐井の乱は、宗像氏の地位を、向上させることはあっても、その逆はけっしてなかった。絆はますます強化されたのである。

岩陰祭祀の遺跡が、祭祀遺跡の中でも圧倒的に多い点は、大和政権の危機感のあらわれにほかならず、いいかえれば、それほど宗像氏に期待するところが大きかったことを意味しているのだろう。そして、この時期にいとなまれた祭祀は、ただ単に海上の道の平安を祈るにとどまらず、つとに井上光貞氏らによって指摘されているとおり、国家を鎮護する目的をもっていたと推測される。

強力無比の神威

やがて、大陸への海上の道が変更され、沖ノ島の近くを通らなくなっても、沖ノ島における祭祀は、あいかわらず継続された。その背景には、大和政権に、沖ノ島の神威に対するあつい崇敬の念、ひいては沖ノ島における祭祀をつかさどる宗像氏に対する配慮があったとしか、考えられない。

もとより、大和政権の沖ノ島の神威に対する崇敬の念は、形ばかりのものではなかった。ときとして、崇敬という域すら越えていたようだ。例をあげよう。

『日本書紀』の「履中紀」五年（四〇四）三月の条に、こう書かれている。筑紫《つくし》（胸肩）の三神が宮中にあらわれ、天皇を詰問して、「なにゆえに、我が民を奪うのか。いま、汝にはずかしめをあたえるであろう」と語りたもうた。しかし、天皇はこれを無視した。すると、皇妃が突然、薨去《こうきょ》してしまった。驚いた天皇は前非を悔い、筑紫で不正な行為があった事実を究明して、三神に、奪われていた民を返還したという。

また、同じ『日本書紀』の「雄略紀」九年（四六五）三月の条には、こう書かれている。天皇がみずから新羅を討とうとしたところ、胸方神がいさめて「行ってはいけない」と託宣したので、天皇は新羅討伐を中止したと書かれている。ということは、このころは、新羅討伐のような、対外的な戦争行為におよぶ際は、勅使をつかわして、胸方神の神意を聞き、それによって、行動を決定したらしい。

この二つの記述を見ると、大和政権にとって、宗像の神々は、その言葉を無視すれば、容赦なく「祟《たた》る」神であり、至高の権力者にほかならない天皇の行動まで、規制する強大な力をもっていたようだ。

聞くところによれば、いまでも沖ノ島の周辺を漁場とする漁民のあいだでは、沖ノ島の神は、崇敬の念を失えば、たちどころに「祟る」神だと信じられているという。この「祟る」という性格は、慈悲を旨とするホトケには、絶対といっていいくらいない。しかし、神の場合は、崇敬の念をもって向き合わないと、その神威が高ければ高いほど、「祟る」力も強くなって、人間に跳ね返ってくる傾向がある。

どうやら、沖ノ島の神をはじめ、宗像三女神は、女神という優しげなイメージとはうらはらに、じつは恐ろしい神なのかもしれない。もっとも、そうでなければ、国家を外敵から守護することなど不可能なはずで、大和政権としても、それを承知の上で、宗像三女神の祭祀を、宗像氏に依頼したのだろう。

一〇大神社の一つに

大化の改新（六四五年）をへて、天智天皇の治世下になると、大和政権は、東北地方北部から北の領域を除き、ほんとうの意味で、日本全国を直接支配のもとに置く段階に達した。政治的には、当時としては抜群の先進国だった唐の制度を模倣して、律（罰則規定）と令（行政法令）が続々と発布され、いわゆる律令制の時代になる。

律令制の基本理念は、王土王民および一君万民とされる。つまり、その国の土地と人民はすべて王の支配に服属するとともに、王のみが君臨し、王の前では誰もが平等たりうる。日本では、王にあたる最高権力者は天皇にほかならなかったから、以上の基本理念にもとづいて、日本国内の土地はすべて、天皇から人民に対し、一律かつ平等に、耕作地を支給され、その代償として、天皇に対する租税と労役と兵役が、同じく一律かつ平等に課せられることになる。

かくして、それまで地方の豪族たちが支配していた土地も、すべて国郡制度の中に取り込まれ、大和政権、いや中央政権の支配下に置かれることとなった。

ただし、この規定には例外がもうけられていた。大化年間（六四五〜四九年）における神郡の設置だ。すなわち、郡内から徴収された租と庸と調から構成される税を、国司の管理下に、特定の神社の社殿や祭祀の費用にあてるという特例措置である。この特例措置をあたえられたのは、日本全国でわずかに一〇神社しかなかった。

その名をあげれば、伊勢国の伊勢神宮（内宮と外宮）、安房《あわ》国の安房神社、出雲国の熊野神社と杵《き》築《つき》大社、常陸国の鹿島神宮、下総国の香取神宮、紀伊国の日前《ひのくま》神宮と國懸《くにかかす》神宮と、いずれも古い由緒と壮大な規模を誇る神社ばかりだ。

この中に、筑前国宗像郡の宗像神社が入っていたのである。それは、中央政権が、宗像氏による土地支配、および三女神の司祭者としての地位を、ともに認めたことを意味していた。その範囲は、おおむね現在の宗像市と福津市（旧宗像郡福間町・津屋崎町）の領域だったと推測されている。

ようするに、宗像氏は、中央政権から、特別な厚遇をこうむったのだ。いま流にいえば、宗像神社は、日本全国に星の数ほどもある神社の中で、ベスト・テンの一つという格別な地位を得たのである。

古代海人族ネットワーク

宗像氏の中で、史書に個人名が初めて登場したのは、『日本書紀』の「天武紀」二年（六七四年）の条に見える「胸形君徳善」という人物である。徳善の名が記載されたのは、その娘の尼子娘《あまこのいらつめ》が大海人皇子《おおあまのみこ》、すなわちのちの天武天皇に召されて、高市皇子《たけちのみこ》を生んだからだ。

ご存じのとおり、高市皇子は、父の挙兵にあたり、近江の朝廷を脱出して、大海人皇子の軍勢に合流。やがて、その卓越した軍事的才能を認められた高市皇子は、全軍の指揮をゆだねられ、古代最大の争乱といわれる壬申の乱を、勝利にみちびいた。天武天皇の後を継いだ持統天皇の時代には、最高の官位である太政大臣にも就任しているほどの、実力者である。

壬申の乱の影響は、遠く九州の地までおよんだ。近江の大友皇子《おおとものみこ》（弘文天皇）に味方するか、それとも大海人皇子に味方するか、在地の豪族たちの対応は分かれた。壱伎史韓国《いきのふびとからくに》は大友皇子に味方し、大分君恵尺《おほきだのきみえさか》や稚臣《わかみ》などとともに、徳善も大海人皇子に味方した。徳善にすれば、娘を召され、孫が軍勢を指揮している以上、大海人皇子に味方する以外の選択肢はなかったとおもわれる。幸い、乱は大海人皇子の大勝利に終わり、徳善は大いに面目をほどこしたことだろう。

ところで、大海人皇子は、なぜ、徳善の娘を召したのだろうか。もちろん、大和政権が宗像氏との関係を強化するためだったことは、いまさら指摘するまでもない。しかし、そういうだけでは抽象的すぎる。特に、徳善の娘を召したのが、他の皇室関係者ではなく、なぜ、大海人皇子だったか、という疑問を解明できない。もう少し、具体的な理由を見出す必要がある。

古代史に興味をもつ方なら、先刻ご承知とおもうが、このころ、皇子の名前は、幼少時に養育した一族の名前が用いられていた。大海人皇子の場合は、大海人宿禰《すくね》が養育したので、この名が付けられた。

大海人宿禰は、その名から推測して、出自は海人族だった可能性がきわめて高い。宗像氏も出自は海人族である。したがって、両者のあいだには、ともに海人族の末裔《まつえい》という共通項が見出せる。想像をたくましくするなら、当時の日本には、いわば海人族ネットワークのようなものが存在したのではないか。そのネットワークの中で、大海人皇子と宗像氏が、なんらかの関係を構築していたと考えても、さして無理はないとおもわれるが、いかがなものだろう。

そもそも、尼子娘という名からして、「アマ」すなわち「海人」という呼称を含んでいる。そう考えれば、大海人皇子と尼子娘というカップルは、いささか出来過ぎの感すらないではない。

胸形君徳善の威光

また、政治的な方面からも、大海人皇子と宗像氏がむすびつく理由は説明できるかもしれない。大海人皇子の実兄と伝えられる天智天皇は、その外交施策として、親百済の路線を貫いたものの、結果的には、唐と新羅の連合軍の前に大敗北を喫して、半島南部における利権をことごとく失った。それどころか、今度は、唐と新羅の連合軍に、日本列島を侵略されるのではないか、という危惧さえいだかざるをえない状況に追い込まれてしまう。近江京への遷都も、その恐怖心がもたらしたという説すらある。

それに対して、大海人皇子の外交施策は、前代の方針を一八〇度変更するものだった。即位後の行動に明らかなように、新羅による朝鮮半島の統一という現実を受けて、もはや新羅と対立しつづけることの愚を悟り、新羅との国交樹立をはかり、そのためには、唐との国交断絶も辞さなかった。新羅と外交関係を円滑にすすめるためには、なにをおいても、海上の道を確保しなければならない。そのためには、海上の道を支配する宗像氏との関係を構築しなければならない。深謀遠慮で鳴る大海人皇子のことである。こういう論理を胸に秘めて、言葉は悪いが、いわば先物買いのつもりで、胸形君徳善の娘、尼子娘を、みずからの妃の一人として、召したのではなかったか。私はそうおもう。

即位したのち、天武天皇は、高い位階をあたえて、徳善の功績にこたえた。天武天皇一三年（六八四）に、「八色《やくさ》の姓《かばね》」と称する階級制度をもうけたとき、徳善に、上から二つ目の「朝臣《あそみ》」という姓をたまわったのである。最高位の「真人《まひと》」は、主に皇族にしかあたえられなかったため、皇族以外の臣下の中では、朝臣がいちばん上の地位にあたる。それほど、徳善の功績は大きかったということだろう。

じっさいに、胸形君徳善の威勢がいかに大きかったかは、その墳墓と考えられている宮地嶽《みやじだけ》古墳の規模や副葬品の豪華さからも、十分にうかがわれる。形式は、径三四メートルの円墳で、内部の石室は全長が二三メートルと、ひじょうに長大だ。副葬品は、金銅製の壺鐙《つぼあぶみ》や鞍金具といった馬具類をはじめ、同じく金銅製の装頭椎大刀《かぶつちのたち》、蓋付銅鋺と銅盤のセットなど、文字どおり豪華絢爛たる物ばかりだ。

そして、このころから、宗像氏は、正式に宗像神社の責任者に命じられ、宗像郡の郡司（郡の長官）にほかならない大領と宗像神社の神主を兼任するようになる。文字どおり、聖俗の両権を掌中におさめて、宗像氏はさらなる繁栄への道をあゆみはじめる。

三女神の誕生

中央政権の宗像神社に対する格別の評価は、大陸へつながる海上の道を、つつがなく航海するために不可欠の存在という認識に由来していた。このことは、すでに繰り返し述べてきた。壬申の乱以降、律令体制が整備されていく過程でも、遣唐使が最大級の国家事業として遂行されている以上、宗像神社の地位はゆらぐわけがなかった。

むしろ、律令体制下にあって、宗像神社は発展の一途をたどっていった。それは、畿内をはじめ、日本の各地に、宗像の分霊を祀る社が次々に建てられていった事実からも、明らかだ。現在、日本全国に、宗像大神を奉斎する神社は六〇〇〇以上をかぞえるが、その基礎はこの時期に確立したといっていい。

図28　宗像大社辺津宮扁額
（『宗像大社』より）

　中央政権が、祭事にあたり、みずから供え物を捧げる官社にも列せられ、祈年祭《としごいのまつり》の班幣では、中央政権から幣帛《へいはく》が捧げられた。また、宗像神社の神主は、大領としての功績と、神官としての功績を、ともに認められて、いくどとなく官位を授けられた。

　奈良時代の末期には、沖津宮と中津宮と辺津宮の三つが辺津宮で合祀され、辺津宮を、宗像の総社として、大規模な社殿が造営された。すなわち、こんにち私たちが目にする宗像大社の基本形は、このとき成立したのである。

　いま、辺津宮に参詣すると、拝殿にかかげられている扁額《へんがく》に、

　　奉助天孫而（あめみまをたすけまつりて）
　　為天孫所祭（あめみまにいつかれよ）

という神勅が刻まれているのを、目にできる。『日本書紀』によれば、この神勅は、天照大神が宗像三神を筑紫国に降される際にたまわったお告げだ。その意味は、「（玄界灘海域の守護神となって）天孫（歴代天皇）の統治を助け、天孫の祭祀を受けよ」という命令にほかならない。

ここで、神道の立場をいったん離れて、歴史学や宗教学の立場から、この神勅が登場してきた背景を考えてみよう。すると、もともとは玄界灘の沖ノ島に祀られていた宗像の神が、さまざまな歴史的事情をへて、天皇家の神話体系の中に組み込まれた結果と解釈できるだろう。

『日本書紀』の巻一には、「三女神」がこの世に誕生したいきさつについて、こう書かれている。高天原を訪れた素戔嗚尊《すさのおのみこと》に対して、姉の天照大神は、高天原を奪い取るために来たのではないか、と疑心をいだいた。そこで、素戔嗚尊は自分に邪心がないことをしめすために、誓約《うけい》をしようと提案。おのおのが持っていた剣と玉を交換し、そこから子どもたちを生み出して、男女の別で、邪心のあるなしを証明しようというのである。

なるほど、『日本書紀』「神代上」第六段の本文には、こう書かれている。「於是天照大神乃索取素戔嗚尊十握剣。打折為三段。濯於天真名井。齬然咀嚼。（中略）而吹棄気噴之狭霧。（中略）所生神、号曰田心姫。次湍津姫。次市杵嶋姫。凡三女矣……故此三女神、悉是爾児。便授之素戔嗚尊。此則筑紫胸肩君等所祭神是也」。

天照大神が、素戔嗚尊が持っていた剣を受け取り、天真名井《あまのまなゐ》にすすぎ、口に入れてカリカリと噛み砕いて、息を吹きかけたところ、その息の中から、田心姫《たごりひめ》と湍津姫《たぎつひめ》と市杵島姫《いちきしまひめ》という三人の女神が誕生した。……「これら三女神はみな私の子どもである」とおっしゃって、素戔嗚尊にお授けになった。これがすなわち、筑紫の胸肩氏がお祭りする神であるという意味だ。

また、同じ「神代上」第六段の別説をしめす「一書」の第一として、いま引用したのとほぼ同じ記述の後に、「乃以日神所生三女神、令降於筑紫洲。因教之曰、汝三神、宜降居道中、奉助天孫、而為天孫所祭也」とある。天照大神は、この三女神に、筑紫に降《くだ》り、さらに「道中《みちなか》に降り、天孫を助けたてまつり、天孫にいつかれよ」と命じたという意味である。この最後の部分こそ、扁額の「奉助天孫而、為天孫所祭」の典拠にほかならない。

さらに、「神代上」第六段の「一書」の第三には、「即以日神所生三女神者、使降居于葦原中国之宇佐嶋矣。今在海北道中。号曰道主貴。此筑紫水沼君等祭神是也」という記述が見られる。天照大神がお生みになった三女神は、葦原の中つ国の宇佐嶋というところに降らせたが、いまは「海北道中」にいて、「道主貴《みちぬしのむち》」と名乗っている。これが筑紫の水沼君たちが祭っている神であるという意味だ。

文中の、「海北道中」とは、宗像地方から朝鮮半島に向かう古代の航路を意味しているという。「道主貴」は、最高の道の神を意味する。「葦原の中つ国の宇佐嶋」は、大分の宇佐のことではなく、沖ノ島と考えるべきだという説が強い。「水沼」が、宗像の表記の一つであることは、すでに述べたとおりだ。

つまり、天照大神が自分の娘にほかならない田心姫と湍津姫と市杵島姫に命じた内容は、まず沖ノ島に降り、そこから宗像地方から朝鮮半島に向かう古代の航路に、それぞれ鎮座しなさいということになる。たしかに、話としては、ひじょうによくできている。

いつ、このようなかたちで、宗像の三女神が天皇家の神話体系の中に組み込まれたのかはよくわからない。そもそも、『日本書紀』の最終的な成立がどこまでさかのぼれるのかをめぐっても諸説ある。諸般の事情から察して、『日本書紀』の編纂を皇子の舎人親王《とねりしんのう》に命じた天武天皇の治世下では、すでにその原形ができていたとみなして大過ないのではないか。天武天皇が、まだ皇子の時代に胸形君徳善の娘をめとり、のちに太政大臣に就任する高市皇子をもうけるなど、宗像氏が天皇家と縁戚関係になったという歴史的な事実は、その可能性を示唆しているようにおもえる。

もっとも、沖津宮と中津宮と辺津宮の三つが辺津宮で合祀され、辺津宮を、宗像の総社として、大規模な社殿が造営されたのは奈良時代の末期という点を考慮すると、いま見られるようなかたちに完成したのは、奈良時代まで下るのかもしれない。

神階上昇して式内社へ

都が平城京（奈良）から平安京（京都）へ遷都しても、宗像神社の繁栄にかげりは見られなかった。むしろ、さらなる栄達を遂げたといってもいい。

たとえば、九世紀後半から一〇世紀前半の時期にかけて、宗像神社が朝廷から授かった「神階」を見ると、嘉祥三年（八五〇）から天慶年間（九四〇年代）までの一〇〇年足らずで、従五位上から正一位勲一等という、尋常ではない上昇ぶりを示している。人間の位階にたとえれば、貴族のほとんど末席から最高位までの上昇である。こういうことは、他には例が見出しがたい。

その原因については、前章で論じたので、そちらをご覧いただくとして、ここでは、新羅人の海賊対策に、宗像神社が素晴らしい業績を上げたためらしい、とだけ申し上げておこう。

延長五年（九二七）、律令制度の施行規定を網羅した『延喜式』に、名神《みょうじん》大社として、『神名帳《じんみょうちょう》』に宗像神社の名が記載されている。名神大社とは、特に霊験いちじるしい「名神」を祀る神社のことで、すべて大社という最高の格式を誇る。いずれにせよ、『神名帳』に名が記載されたということは、その神社が、朝廷が尊崇するにふさわしい歴史と伝統をもつ神社であるという証明にほかならなかった。

なお、この章では、歴史的な経緯にもとづき、ここまで「宗像神社」と表記してきたが、名神大社に列せられた以上は、「宗像大社」と表記することとしたい。

律令制度が整備され、その秩序の中に位置づけられたことは、宗像大社にとって、すべてプラスだったわけではない。多少のマイナスはあったようだ。具体例としては、これまで認められてきた宗像郡の大領と神主を一人で兼任することが、禁じられた点があげられる。いわば、一種の聖俗分離策である。

この措置は、宗像氏の長がもっていた絶対的な権威をおとしめる可能性を秘めていた。奈良時代後半から平安時代の前半にかけての時期、巨大神社では、たとえば同じ九州に鎮座する宇佐神宮がそうだったように、その権威権力をめぐって、内部で抗争の生じる例がまま見られた。

しかし、この事態に、宗像氏は、すこぶる現実的な方策でむくいた。大領と神主を、宗像一族の中で、それぞれ振り分けて引き受けることにしたのである。このように、宗像氏は、危機的な状況に遭遇するたびに、したたかな対応能力を発揮して、歴史の荒波を乗り越えていく。

一〇世紀中ごろの朱雀天皇の時代には、従来からあった神主職の他に、宮司職がもうけられ、さらに天元二年（九七九）には、太政官の命により、大宮司職がもうけられた。大宮司職は、社格の高い神社に限って、律令政権から直接、任命される特別な役職で、宗像大社の権威体制は、ここに完成したといわれる。

「中世的世界」にしたたかに対応

一〇世紀における国家的な祭祀の終焉は、いやおうなく、中央政権の宗像大社に対する優遇措置を解く結果をまねいた。しかし、律令制が解体していく趨勢《すうせい》からすれば、それはむしろ当然の帰結であり、もともと在地に深く根を下ろしていた宗像氏にしてみれば、さしたる影響はなかったといっていい。新たな状況のもと、宗像氏は、大宮司として宗教界に君臨しつつ、同時に在地領主として現実の政治と経済を配していく。

平安後期になると、古代的な世界は崩壊し、中世的な世界が形成されていく。では、中世とはどんな時代かといえば、むき出しの権力・むき出しの暴力の時代であり、統一的な権力がない時代、いいかえれば「地方の時代」であり、このような過酷な時代環境を緩和するために宗教が大きく台頭した時代だった。また、特定の「家」と特定の「職能（職を遂行するために必要な専門的な能力）」がかたくむすびつけられた時代であり、現実の土地支配が権力の基盤となる在地領主制の時代だった。

このような性格をもつ中世は、宗像氏にとって、けっして住み心地の悪い世界ではなかったはずだ。なぜなら、宗像氏のもつ大宮司でしかも在地領主という性格は、まさに中世的な性格と、うまく合致していたからだ。ちなみに、このようなタイプの領主は「神官領主」とも呼ばれる。

一一世紀以降になると、大宰府を掌握する最高役職の権帥《ごんのそち》や大弐《だいに》は、国司に対する支配を強めていった。この動向に対し、宗像氏は、宗像社領を藤原摂関家や院に寄進して、大宰府の支配からのがれようと画策した。一二世紀になり、院政期に入ると、宗像氏は、大宰府よりも強大な院権力への接近をこころみ、保安元年(一一二〇)ころまでには、宗像社領を、不輸不入の荘園とすることに成功していたようだ。

かくして、古代から中世へと激動する時代も、宗像氏は持ち前のしたたかさを十二分に発揮して、みごとに乗りきっていった。その際、切り札となったのは、やはり海上の道との深いかかわりだった。

源平の争乱を超え、武士として生き抜く

平安末期の保元三年(一一五八)、中世の到来を告げる保元の乱に勝利した平清盛は、恩賞として、実質的な大宰府長官である大宰大弐に任命された。さらに、平治元年(一一五九)、平治の乱に勝利した清盛は、太政大臣にまで昇進して、政治権力の頂点に立った。

仁安元年(一一六六)、大宰大弐の職を継いだ清盛の異母弟、頼盛は、みずから大宰府に入り、日宋貿易の実権を掌握した。同時に、頼盛は、宗像社領をはじめ、各地の荘園の領家職に任命されていたため、宗像大社は平家の支配下に組み込まれることとなった。

領家職について少し説明しておこう。この当時の土地支配は、錯綜をきわめていた。じっさいに開発した開発領主。開発領主が税の徴収をのがれるために寄進して、名目上の領主となってもらった領家。それでもかかってくる税をのがれるために、さらに上位の存在に寄進して、名目上の領主となってもらった本家。そして、開発領主がつとめる荘官は預所職、領家は領家職、本家は本家職

を、それぞれ保有していた。宗像氏の場合は、領家が平氏、本家が鳥羽天皇の第三皇女だった八条院というぐあいになっていて、実質的な支配者は、領家職をもつ平氏だった。

まもなく、平氏は滅亡し、宗像社領も没収された。ところが、頼盛の母親が、保元の乱のとき、殺されることに決まっていた源頼朝の命を助けていたことが考慮され、本家の八条院の意向を受けた頼朝が、頼盛に返還した。さらに、頼盛の没後は、「本領安堵」というかたちで、宗像大社の大宮司職を代々継承する宗像大宮司家が、その土地を領有することが許されたのである。これは、鎌倉幕府によって、実質的に地頭として補任《ぶにん》（任命）されたことを意味し、宗像大宮司家は「御家人」、つまり武士として生きていくこととなる。

宗像氏は、このようにして、源平の争乱や鎌倉初期の激動期を乗りきったが、そこには、さきほども指摘したとおり、宗像氏が海上の道を支配して、大陸との交易に絶対に欠かせない存在だったことが、大きく影響している。ようするに、宗像氏抜きで、日宋貿易は成り立たなかったのである。

そのことは、石造狛犬、阿弥陀経石《あみだきょうせき》など、宗像大社に残る宋からの渡来品の数々に、明らかだ。特に、阿弥陀経石に刻まれた銘文からは、宗像氏が複数の宋の商人たちと婚姻関係をむすんでいた事実が判明している。また、「色定法師《しきじょうほうし》一筆一切経《いっぴついっさいきょう》」の奥書には、この経典写経にあたり、博多に居住する宋人綱首（貿易商）の張成と李栄という人物が、大金を布施した事実が書かれていて、宗像氏がいかに深く、日宋貿易にかかわっていたか、よくわかる。

図29　阿弥陀経石（『宗像大社』より）

宗像大宮司家の栄枯盛衰

鎌倉時代の後期、二度にわたって、日本を未曾有の国難が襲った。いうまでもなく、モンゴルによる日本侵略計画の実行、すなわち元寇である。

このとき、古代よりこのかた、新羅海賊の討滅をねがう祭祀など、護国の実績に富む宗像大社には、大きな期待が寄せられた。敵が、宗像大社の持ち場ともいうべき玄界灘を越えて押し寄せてきたのだから、頑張らざるをえない。敵国降伏に熱心な祈禱《きとう》を捧げた。（少なくとも当時の人々の認識では）その甲斐あって、いざというときに大暴風雨が吹き荒れたり、停泊中の船内で疫病が蔓延したりした結果、元軍は壊滅し、日本は危機を脱した。宗像大社は、大いに面目をほどこしたにちがいない。

じつは、元寇に際して、宗像大社は、敵国降伏という宗教的な領域で、日本の勝利に貢献しただけではなかった。ときの宗像大宮司の長氏は、鎌倉幕府の御家人という立場もあって、みずから兵を率いて大奮戦し、大手柄をあげた。その活躍は、戦後の恩賞として、正応二年（一二八九）に、肥前国神崎庄五町を拝領している事実からも証明される。

この当時、宗教界では、神と仏の融合を説く神仏習合が、ひじょうに盛んだった。特に、日本の神々は、仏教の仏菩薩が、日本の実情に合わせて、救済のためにあらわれたものという「本地垂迹《ほんちすいじゃく》」の思想が広く行きわたり、宗像大社でも、この思想にもとづいて、神社に付属して置かれる神宮寺が建立された。

この神宮寺の創建にも、長氏が大きく寄与した。弘長三年（一二六三）、長氏は、土地と木堂を寄進して、真言宗の僧侶、皇鑒《こうがん》に、宗像大社の神宮寺として、鎮国寺を創建させたのである。鎮国寺の本堂には、仏像が安置され、沖津宮の田心姫神《たごりひめのかみ》は大日如来、中津宮の湍津姫神《たぎつひめのかみ》は釈迦如来、辺津宮の市杵島姫神《いちきしまひめのかみ》は薬師如来が、それぞれ本地とみなされ、仏教の立場からもあつく信仰された。

鎌倉末期の争乱にあたっては、宗像大宮司家は、御家人という立場にあったにもかかわらず、反鎌倉幕府の側に味方し、九州における幕府権力の中枢だった鎮西探題《ちんぜいたんだい》の攻撃に参加した。この功績に対して、宗像大宮司家は、社領安堵の綸旨《りんじ》（天皇の意向を受けて書かれた文書）を受けている。

さらに、鎌倉幕府が倒れ、後醍醐天皇と足利尊氏が争う状況になると、宗像大宮司家は、足利尊氏を支持。後醍醐天皇軍に敗れて九州にのがれてきた尊氏に加勢して、都に攻め上り、ついに勝利を遂げて、尊氏から恩賞を授けられた。まことに、時勢を見る目に恵まれていたとしか、いいようがない。

室町時代になると、宗像大宮司家は、周防を根拠地とし、北九州の筑前や豊前（現在の福岡県東部）に進出してきた大内氏の傘下に入り、約一五〇年間にわたり、その有力な家臣として、仕える道を選んだ。大内氏は、朝鮮半島の朝鮮王朝や中国大陸の明との通好に熱心だったため、宗像氏の得意とする航海術が、ぜひとも欲しかったとおもわれる。なお、大内氏は、百済聖明王の血をひく渡来氏族の系譜に属すと自称していたので、宗像氏には受け入れやすい相手だったのかもしれない。

宗像氏もまた、全国有数の守護大名だった大内氏の力を背景に、朝鮮半島との通航に、みずから積極的に乗り出していく。応永一九年（一四一二）から永正元年（一五〇四）までのあいだ、記録に残されているだけでも、四六回も貿易船を出しているほどで、そこから得られた利益は莫大な額にのぼったはずである。

宗像氏の断続

しかし、この宗像氏の繁栄も、戦国中期の天文二〇年（一五五一）に、大内氏第三一代の当主だった大内義隆が、家臣の陶晴賢《すえはるかた》に滅ぼされた事件をきっかけに、陰がさしはじめる。北九州は、陶氏を滅ぼした安芸（現在の広島県）の毛利氏と、豊後（現在の大分県）を根拠地とする大友氏が相争い、さらには肥前（現在の佐賀県）の龍造寺氏まで加わって、大争乱の舞台となってしまった。宗像氏も宗像大社も、この争乱に、いやおうなく、巻き込まれていく。

この間、宗像大宮司家の氏貞は、状況を見極めつつ、みごとな采配《さいはい》をふるって、一族の存続と所領の確保につとめてきたが、戦国時代も末期に突入した天正一四年（一五八六）に病没。嗣子《しし》を残さなかったため、永らく宗像大社を統括してきた宗像大宮司家は、ここに断絶した。翌年の天正一五年（一五八七）、島津氏を制圧して九州全土を支配下におさめた豊臣秀吉は、九州再国分をおこなった。秀吉は、宗像氏に対して、領地支配を認めず、居城だった蔦《つた》ヵ岳《がたけ》城も破壊を命じた。その結果、社領を失った宗像氏の家臣や宗像大社の社人は、離散をよぎなくされ、社勢はいちじるしく衰えた。

しかし、宗像大社に向ける人々の崇敬の念は根強かった。筑前をはじめ北九州を所領としてあたえられた小早川隆景は、そんな人心を察して、宗像大社に二〇〇町の土地を寄進し、戦国の戦乱のせいで荒れ果てていた辺津宮の再興にも、手を染めた。現在、私たちが目にする拝殿は、天正一八年（一五九〇）に、隆景が造営したものだ。

やがて、徳川家康が権力の頂点につき、新たな時代が始まった。慶長五年（一六〇〇）、筑前には、黒田長政が入国。宗像大社に、神領として、五〇石を寄進するが、この僅かな額では、大社を支えることは、とうてい不可能だった。かつての最盛時には、毎年五九二一度という記録さえ残る年中行事は激減し、宗像大社は衰退の一途をたどらざるをえなかった。

江戸時代、とりわけその前半期は、じつは仏教が、政治以外の各方面で、大きな力をもっていた時期だった。徳川初期政権の政治顧問ともいうべき地位にあり、黒衣の宰相とも呼ばれた天海《てんかい》や崇《すう》伝《でん》、あるいは五代将軍綱吉の時代に「生類憐れみの令」発布に関与するなど威勢をふるった護持院隆光をはじめ、江戸時代の前半期には、意外なほど、仏教僧の姿が目立つ。

成立の過程で、一向一揆をはじめとする仏教勢力に手を焼いた江戸幕府は、仏教には政治的な力をいっさいあたえず、政教分離を徹底した。その代わり、各宗派にある程度の自治を認め、本山と末寺の制度を整えて、既成の権威を高める政策をとるなど、一種の特権もあたえた。また、仏教を学問として研究することも大いに奨励した。そのため、現行の各宗派の教義のほとんどは江戸時代に確立しているくらいで、民衆に仏教がほんとうに浸透したのは江戸時代だったという説すらある。

いっぽう、仏教の繁栄の陰で、いわば割を食ったのが神道だった。江戸時代も後半期になると、仏教の力もさすがに衰えを隠せなくなり、復古神道の活動が目立ちはじめるが、それまでは、神道にとって、冷遇の時期だった。宗像大社が衰退した背景には、こういう時代の風潮も大きくかかわっていた。

近代化の中の宗像大社

明治維新は、少なくとも初期の時点においては、神道の復活という一面があった。この趨勢にのって、宗像大社も、明治四年（一八七一）に国幣《こくへい》中社に、明治一八年（一八八五）に官幣《かんへい》中社に、さらに明治三四年（一九〇一）には官幣大社に昇格された。

ちなみに、官幣社は朝廷にゆかりのある神社で神祇官が祀り、国幣社は各国の一宮を中心に列格された神社で地方官が祀るという違いがある。また、例祭に際しても、官幣社へは皇室（宮内省）から、国幣社へは国庫から幣帛が供進されたという違いがある。その位階は上から、官幣大社・国幣大社・官幣中社・国幣中社・官幣小社・国幣小社・別格官幣社の順になっている。したがって、宗像大社の場合は、ナンバー・フォー・グループからナンバー・スリー・グループに、さらに二階級特進して、ナンバー・ワン・グループに昇格したことになる。

こうして官幣大社の位階を得た四年後の明治三八年（一九〇五）五月二七日、沖ノ島付近の海上で、近代日本の命運をかけた日本海海戦がおこなわれ、連合艦隊はロシアのバルチック艦隊を撃滅して、日本の勝利を決定づけた。

このときのようすは、当時、沖ノ島に奉仕していた神職が、社務日誌に克明に記録している。戦後、連合艦隊司令長官だった東郷平八郎元帥は、あのときの勝利はひとえに宗像大神の神助によるものと感謝を捧げ、みずから座乗していた旗艦「三笠」の羅針盤を宗像大社に奉納した。

神助という神秘の極みが、現実にありうるものか否か、私たちは容易に知りえないが、あの日、沖ノ島に、海のかなたから押し寄せる敵を討滅するという、古代以来の役割が、再びよみがえり、一瞬まばゆいばかりの光芒《こうぼう》を放ったことは、確かである。そこに、不思議なえにしを感じざるをえない。

そして、第二次世界大戦の敗北後、宗像大社も沖ノ島も、海のかなたから押し寄せる敵の討滅という役割を、ほぼ完全に失った。しかし、それは、神々に対する人々の崇敬の念が失われたことを意味しない。むしろ、古代以来の重いくびきから解放されることによって、縄文時代以来の、素朴ながらかえって純粋な崇敬の念がよみがえってきたといえるのではないか。

事実、沖ノ島は、漁民たちにとって、かつて縄文人がそうだったのと同じように、日々の生活の糧を惜しみなくあたえてくれる、ありがたい存在にほかならない。縄文時代から連綿と続いてきた一万年以上もの歴史を俯瞰《ふかん》するならば、宗像の神々は、漁労という原点から発して、さまざまな足跡を残して、いま再び漁労という原点に立ち戻ってきたような気がしてならない。

同時に、辺津宮を見れば、宗像の神々は、交通の安全を、あいかわらずつかさどりつづけている。ここにもまた、時代を乗り越えて、活動する宗像の神々の姿があるといっていい。

第四章●宗教学からみた沖ノ島の祭祀

再生の祈り

沖ノ島を最初に訪れたのは、いったい誰だったのか。

その答えは、遺物から確認できる範囲では、縄文人である。前述したように、縄文時代の沖ノ島では、上陸して子育て中のニホンアシカのメスや幼獣を狙って、弓で射殺したり、槍で刺し殺したり、あるいは撲殺するタイプの猟がおこなわれていた。

しかし、こうした光景は、どう考えても、殺伐としている。海岸の岩は赤く血に染まり、殺されていくニホンアシカたちの悲鳴や断末魔の叫びが、島中に響きわたったにちがいない。それは、私たちが沖ノ島に対していだいている「神の島」というイメージとは、まるで正反対といっていい。

この点は、どう理解したらいいのか。

ここで一つ、注目にあたいする事実を指摘しよう。「社務所前遺跡」からは、ニホンアシカ以外の魚骨や貝殻がまったく出土していないのだ。魚骨や貝殻は、海中に投棄された可能性もないではない。しかし、食べた後、もしくは解体処理した後で、海中に投棄するというのであれば、ニホンアシカの骨もそうした可能性があるはずだから、ニホンアシカの骨だけが大量に出土しているのは、いかにも不思議だ。となれば、ニホンアシカの骨だけを選んで、そこに捨てた、もしくは埋納したとしか解釈できない。

この事実から、私は、「社務所前遺跡」において、ニホンアシカの再生を祈る儀礼がいとなまれていた可能性があるとおもう。その根拠を、以下に説明しよう。

縄文時代に動物の遺骸を集めて捨てた場所といえば、すぐに貝塚の存在が思い浮かぶ。留意すべきは、貝塚のもつ意味である。

北海道の民族学と考古学の草分けとして知られる河野広道《こうのひろみち》氏によれば、縄文時代の貝塚は、ただ単なるゴミ捨て場ではなかった。自分たちが殺して食べた動物たちの骨や貝殻、あるいは植物を、霊送りするための場だったという。

その証拠に、貝塚からは、多数の埋葬された人骨が出土する。単なるゴミ捨て場だったら、おそらくは畏怖と崇拝の対象だったであろう大切な人骨を、埋葬するはずがない。つまり、縄文人は、人の魂も動植物の魂も丁重にあの世に送り返し、再生をねがう気持ちを強くもっていた。

河野氏は、この発想を、アイヌの人々がいとなんできたイオマンテ（熊祭り）から得たという。イオマンテでは、クマ狩りで生け捕りにした子グマを、一定期間にわたり、すこぶる丁重に飼育したのち、殺し、その肉を参加者一同が食べる。さらに、猟で仕留めたクマに対し、オニプレと呼ばれる略式の送り儀礼をいとなむ事例は、東北地方の狩猟集団として有名なマタギをはじめ、北半球の狩猟民のあいだで、かなり広く見られる。

いずれにしても、こうすることで、クマの魂はあの世に送り返され、再生するとみなされている。

狩猟採集を生活の糧としていた縄文人も、同じような心をもっていたにちがいないと河野氏は主張した。

もし、この考え方が正しいとすれば、沖ノ島の「社務所前遺跡」でも、ニホンアシカの再生を祈る儀礼がいとなまれていた可能性が出てくる。

魂の発見

再生を祈る儀礼がいとなまれていたとすれば、その前提として、魂というものが認識されている必要がある。この点は、いったいどうだったのか。

縄文人が魂の存在を見出していたことは、まず確実だ。その証拠は、たとえば長野県諏訪郡富士見町にある唐渡宮《とうどのみや》遺跡から出土した縄文中期の「埋甕《うめがめ》」（井戸尻《いどじり》考古館所蔵）の、側面に描かれた図像にもとめられる。

この高さが六四・五センチメートルもある大型の壺状土器の側面下方に、黒色の顔料で描かれた線画は、考古的な遺物のつねで、解釈には諸説ある。中には、立ったまま出産しているところを描写したという説もあるが、妊娠線が描かれていない点や乳房が小さく描かれている点から、無理があるようにおもわれる。有力なのは、死んだ子どもの魂が、再び母親の胎内にもどる瞬間を描写しているという説である。

その論拠は、埋甕が死産児などを埋葬するためにつくられた特殊な土器である点、および、比較的最近まで死産児を、その母親がよく通る家屋の入り口付近に埋葬する習俗が、日本各地で見られた点にある（渡辺誠「再生の祈り」『縄文の神秘』人間の美術1、学習研究社、一九八九）。

この絵では、子どもの魂は、点線で、陽炎《かげろう》のように表現されている。そして、両足を広げた母親の、ややひしゃげた楕円状の女性器に向かって、地中からゆらゆらと立ち昇ってゆく。ゆらめく陽《かげ》炎《ろう》のように見える表現は、たぶん魂が原則としては不可視であり、ときによりなんらかの気配のようなものとして、感知される場合もあると考えられたためかもしれない。少なくとも、この図像では、縄文中期の段階において、死んだ子どもの魂は、その母親の周囲にとどまって、再生の機会を待っていることになる。

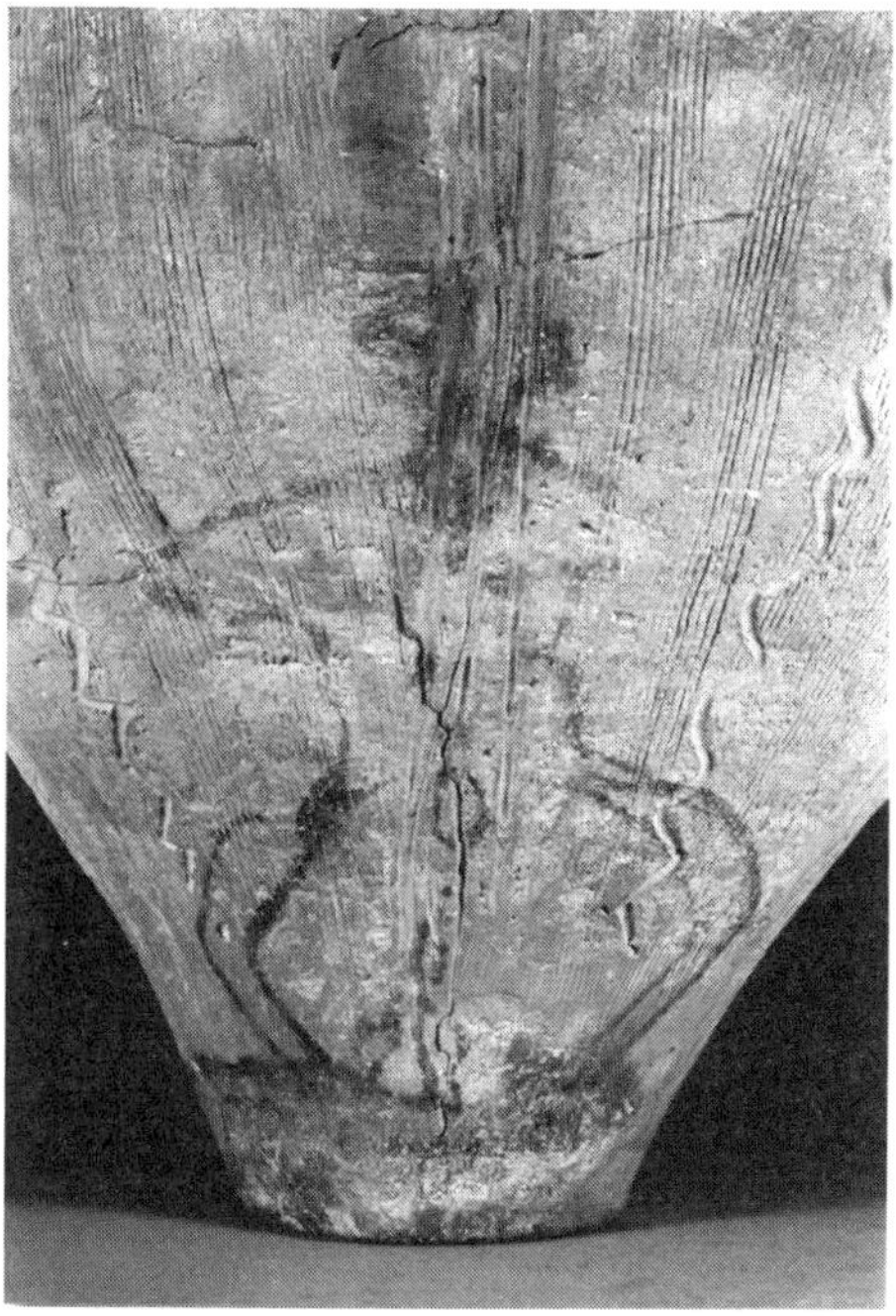
図30　唐渡宮遺跡出土の屋外埋甕（井戸尻考古館所蔵）

こういうと、人間と動物では話が違うのではないか、という反論が出てくるにちがいない。しかし、思い出していただきたい。貝塚からは、多数の埋葬された人骨も出土するのである。そこには、人間と動物、ときには植物でさえも、生命体として、同じ次元にあるものとみなす精神がうかがえるではないか。

したがって、沖ノ島でニホン

アシカ猟をおこなっていた縄文人が、ニホンアシカに、人間と同じように、魂があり、その魂は、しかるべき儀礼をいとなむことで、再生すると考えていたとしても、なんらおかしくない。逆にいえば、そう考えないかぎり、「社務所前遺跡」からニホンアシカの骨しか出土しないという事実を、説明できないことになる。

そもそも、狩猟民のあいだには、かなり広範に、捕らえた動物を食べるという行為そのものが、その動物の魂を肉体という束縛から解放し、本来の姿へ返すための重要なプロセスとする考え方がある。この場合、「本来の姿」が神を意味することも稀ではない。つまり、捕らえた動物を食べるという行為そのものが、神を祀る行為にほかならないのだ。

ようするに、縄文時代の沖ノ島では、ニホンアシカ猟の場こそ、さらに正確を期せば、解体してその骨を集めて埋める場こそ、祭祀の場だったのではないか。そう考えても、なんら不思議ではない。

縄文時代の「神」

宗教学や民俗学では、「神＝カミ」は人知を超える霊的な力の総体をしめす存在、と定義される。そういう「神」が、膨大な人類史の、どの段階で登場してきたのか、まだわかっていない。しかし、縄文人が、かれらなりの神観念をもっていたことは、さまざまな考古学的遺物から見て、確実とおもわれる。

もっとも、縄文人が、神をどのように考えていたのか、明らかになっているわけではない。なにしろ、ひとくちに縄文時代といっても、一万年近い歳月である。その間ずっと、神に対する思いが変わらなかったという保証は、どこにもない。むしろ、時期によって変わったと考えるほうが自然かもしれない。

それを承知の上で、あえて、縄文人はなにを神とみなしたかという設問をするとすれば、どういう答えが得られるだろうか。

候補としてあげられるのは、まず祖先や集団の指導者といった過去の人間たちだろう。いいかえれば、偉大な死者たちだ。宗教学では、人間神という。たしかに、日本の神の少なからぬ部分は、「氏神」というかたちの祖先神によって占められている。

しかし、縄文時代の埋納遺跡の発掘調査から、死者一般を恐れていたことはわかっているものの、特定の死者たちを神としてあがめていた形跡は、まだ見つかっていないようだ。

次に候補になりそうなのは、自然神である。文字どおり、自然を神としてあがめるもので、大きく分けると、二つのタイプがある。一つは、日月星辰《じつげつせいしん》や風雨雷雲のような天体や気象を神とみなしたり、あるいは山川草木に聖なる存在を感得して神とみなすタイプ。もう一つは、特定の動物を神とみなすタイプである。

現在、沖ノ島の沖津宮で、御祭神として祀られている田心姫は、海上の霧をつかさどる女神、もしくはたぎる荒波をつかさどる女神とされるので、気象を神とみなす典型例といっていい。しかし、こういうタイプの神の起源が、縄文時代までさかのぼれるのか否か、いささか疑問だ。

それよりも、縄文時代にあって、神の候補になりそうなのは、動物たちである。とりわけ、ヘビとイノシシがその最有力候補といっていい。なぜなら、縄文土器に見られる動物装飾の中で、この二つの動物をモティーフにする事例が飛び抜けて多いからだ。

ただし、ヘビとイノシシでは、神としてあがめられた理由に違いがあったらしい。

ヘビの場合、そんじょそこらのヘビではない。その形態から推測して、マムシの可能性がすこぶる高い。長細いのがふつうのはずのヘビにしては、わりあい短めで、しかも頭の部分が三角形をしているからで、これはマムシの特徴にほかならない。

では、なぜ、マムシが神としてあがめられたのか。いうまでもなく、猛毒の持ち主だからだろう。死をつかさどるものは、反転して生をもつかさどる。

こういう考え方は、世界のいたるところで見受けられる。典型例は、ヒンドゥー教の神、シヴァだ。シヴァは、もとはといえば、暴風雨が神格化された神といわれ、破壊をつかさどるが、その破壊は創造のために必須のプロセスとみなされた結果、シヴァは創造をもつかさどる役割を演じることとなり、ヒンドゥー教における主神の地位を得た。シヴァが、原初のとおり、ただ単に破壊だけをつかさどっていたら、この地位はけっして得られなかっただろう。

ヘビは、それでなくても、ひじょうに長い寿命や、脱皮を繰り返して成長したり、冬眠して春の訪れとともに地上に出てくることから、死と再生のシンボルとみなされやすかった。マムシには、さらに猛毒の持ち主という切り札がある。とすれば、神としてあがめられたことに、不思議はない。

イノシシの場合は、縄文時代から、狩猟の対象として、いいかえれば貴重な動物性タンパクと脂肪分をあたえてくれる食料として、特に重要な動物だった。もっとも、ただ単に狩猟の対象というのであれば、シカも同じだ。

しかし、縄文人がシカを神としてあがめた形跡はあまりない。なぜだろうか。一説には、イノシシは一度にたくさんの子どもを出産するが、シカは一頭しか生まないからだという。つまり、イノシシは多産や豊穣のシンボルであり、この点でシカは遠くおよばないというのである。

自分たちの食料となる動物を神としてあがめる行為は、現代人にはなかなか理解しにくい。しかし、狩猟民のあいだでは、神が動物の姿をとってこの世にあらわれ、その肉を食べさせることで人間を養い、しかるのちあの世に帰って行くという考え方が、広く見られる。イオマンテのクマも、そのカテゴリーに入る。そう考えれば、狩猟採集生活をいとなんでいた縄文人が、イノシシを神としてあがめていたのも、納得がいくだろう。

沖ノ島の「神」

もっとも、沖ノ島には、本土の縄文人が神としてあがめたヘビもイノシシもいなかった。だから、あがめようもなければ、祀りようもなかった。

しかし、その代わり、沖ノ島にはニホンアシカがいた。ニホンアシカは、人間に貴重な動物性タンパクをあたえてくれる。その点では、本土のイノシシに匹敵した。

いや、ニホンアシカには、イノシシさえ上回る価値があった。アシカ類は、冷たい海水から身を守るために、いわば断熱材として、皮下に大量の脂肪層をもっている。その脂肪分こそ、食料として、貴重きわまりないものだったからだ。

脂肪分がどれほど貴重か、脂肪分の過剰摂取による肥満傾向が問題になっている現代人には、理解しがたい。しかし、いまでも辺境地帯に行くと、脂肪分こそが最高の食事である。脂肪分はエネルギーにすぐ変換されるので、摂取すれば、たちどころに元気が出てくる。低温傾向の強い地帯や、大きなエネルギーを費やしがちな狩猟採集の生活では、このことはひじょうに大きな意味をもつ。

私事で恐縮だが、本来の研究領域の一つがチベット仏教ということもあって、私は一五回以上にわたり、チベット高原やヒマラヤ山中を訪れてきた。そこで、脂肪分がいかに貴重なものか、思い知らされてきた体験がある。

もともとチベット人は、同じ仏教徒というよしみから、日本人に対してすこぶる友好的だ。私たちが行けば、はるか遠いところからよく来てくれたというので、精一杯ご馳走してくれる。そのとき出される最高の食物が、ヤクというウシ科の動物の脂肪なのだ。

正直いって、独特の匂いはあるし、ネチャネチャしているし、ハエはたくさんたかるし、手はべとべとになるしで、食べやすいものではない。しかし、せっかくの大ご馳走なので、頑張って食べることにしている。

この体験からしても、縄文人がニホンアシカから得られる脂肪分に、いかに執着していたか、私にはよくわかる。これほど貴重な食物をあたえてくれる存在を、神としてあがめ祀らない理由はない。

その意味で、縄文時代の沖ノ島における「神」はニホンアシカにほかならなかったのではないか。「社務所前遺跡」からは、ニホンアシカ以外の魚骨や貝殻がまったく出土していない事実も、そこでニホンアシカを神として祀る儀礼がいとなまれていたと考えれば、矛盾は生じない。これが、現時点の私の結論である。

発掘遺物の少ない弥生時代に沖ノ島でどのような祭祀が行われていたかは想像がつかない。次にもっとも盛んだった古墳時代の祭祀を見てみたい。

岩上祭祀——葬祭未分化

これまでにおこなわれた祭祀遺跡の発掘調査によれば、沖ノ島における祭祀の形態や奉献品は、時期により変遷しているが、当然ながらこの変遷は祭祀の内容と深くかかわり合っていたはずで、それは宗教学にとってすこぶる興味深い対象にほかならない。そこで、以降、宗教学ではこの変遷から、なにが読みとれるかを考えてみたい。これまでの章と若干重複するところがあるかもしれないが、お許しいただきたい。

岩上祭祀では、岩の上に、おそらく臨時の祭壇がつくられ、そこで祭祀がいとなまれていた。通説では、祭壇は神を降ろす際の依代であり、その中央に榊などを立てる神籬がもうけられ、さまざまな雛形品を、岩に掛けたり榊の木につるしたりして、神話にいう垂直降臨タイプの祭祀がいとなまれていたと推測されている。

岩上祭祀の奉献品が古墳の奉献品と同じ点を、前述したように井上光貞氏は「葬祭未分化」という観点から論じた。たしかに、奉献品に注目すれば、井上氏の指摘する「葬祭未分化」が成り立つだろう。

この「葬祭未分化」という考え方は、そもそも、神道考古学の大家として知られた大場磐雄《おおばいわお》氏や亀井正道《かめいまさみち》氏によって提唱された。両氏によれば、当初は葬送と祭祀のあいだに明確な区別はなく、死者の霊魂を鎮めるのが「タママツリ」、神を祀るのが「カミマツリ」という区別は、早ければ六世紀、遅くとも七世紀に至って、明確になったという。沖ノ島の岩上祭祀は、四世紀後半から五世紀にいとなまれたとされている。したがって、「葬祭未分化」の段階にあったとみなして、問題はない。

また、同じタママツリでも、ただ単に死者の鎮魂のために、呪術的な行為を中心とする「イハヒまつる」祭祀から、ある時期に、たとえば黄泉国《よみのくに》のような、死後世界の存在を前提として、丁重な「イッキまつる」祭祀へと、変容を遂げたという指摘もある。亀井氏は、その画期を五世紀の中ごろとみなし、変容の背景として、四世紀の中ごろに始まった朝鮮半島（韓半島）南部との通交をきっかけに、神に対する観念が変化した点をあげている（佐野大和『呪術世界と考古学』続群書類従完成会、一九九二）。

もし、この亀井氏の考察が正しいとすれば、岩上祭祀は四世紀後半から五世紀にいとなまれたとされているので、タママツリが、ただ単に死者の鎮魂のためにいとなまれていた呪術中心の祭祀から、死後世界の存在を前提とする宗教性のより高い祭祀へと、変容を遂げた時期にほぼ重なる。そして、沖ノ島こそ、大和政権と朝鮮半島南部との通交を仲介する役割を演じていた宗像氏の、文字どおり宗教的核心だった。このことが意味するところは大きいにちがいない。

この点にかかわって、こういう報告もある。岩上祭祀の遺跡を代表する一八号遺跡から出土した滑石製子持勾玉は、兵庫県小山遺跡V地点および京都府山開古墳から出土した作例とならんで、最古の形式であり、大和地方で最古の可能性がある三輪山西麓の扇状地に立地する芝から出土した作例よりも、一形式早い時期の作例だというのである（大平茂「三輪山麓出土の子持勾玉祭祀」『大美和』一一五号、大神神社、二〇〇八）。

ご存じのとおり、滑石製子持勾玉は、古代祭祀では、きわめて霊性の高い呪具だったというのが通説である。とすれば、ここ沖ノ島では、半島南部の影響を受けて、大和政権に先行するかたちで、新しいタイプの祭祀がいとなまれていたのかもしれない。

祀られるものと祀るものの「未分化」

「葬祭未分化」は、奉献品に注目した場合の考察だ。いっぽう、岩上という場所に注目すれば、また別の「未分化」を指摘できるかもしれない。それは、祀られる対象と祀る主体の「未分化」である。

まず、考えるべきは、少なくともこの沖ノ島における祭祀の場合、祀られる対象は死者の霊魂であるはずはなく、まちがいなく神であった点だ。そして、古代の神観念では、神は常在することはなく、大概はどこからかその場に降臨するのが、ふつうだった点だ。

また、日本の神は、基本的に不可視であることが常識で、特殊な霊能をもつ者でなければ、見ることすらかなわなかった。そして、その神は、往々にして、霊能をもつ者に憑依《ひょうい》することで、その口を借り、人々に重要な情報をもたらした。

ようするに、古代の祭祀では、いわゆる「神懸かり」の状態が実現し、祀られる神と神を祀る者がイコールの関係になりがちだったのである。

沖ノ島の岩上祭祀でも、そういう事態が生じていたのではないか。

つまり、儀礼を主催する者自身が、すなわち巫《めかんなぎ》（女性霊能者）とか覡《おかんなぎ》（男性霊能者）と呼ばれる宗教者が、いわゆる神懸かり状態になってしまい、神としての立場から、その言葉を人間界に伝達するようなことがありえたのではないか。もし、神が降臨してくる場を「依代」と呼ぶのであれば、巫や覡が「依代」そのものに変容してしまう段階といってもいい。

祀られる神と神を祀る者が未分化な状態は、なにも古代に限られたことではない。じつは現代でも、民間霊能者の世界ではよく見られる現象なのだ。

たとえば、神懸かりして、霊界にいるという神なり死者なりから、なんらかの言葉を、現世に伝えることをなりわいとする業界では、神懸かりが起こった場合、神そのものも神懸かりする者も、その信者からは、同じように「神様」と呼ばれる。この種の、いわば「小さな神様たち」は、いまでも日本各地の津々浦々に、けっこうな数がしぶとく生き残っている。

岩上祭祀では、次の段階の岩陰祭祀よりも、神懸かりが実現しやすく、祀られる神と神を祀る者が未分化になりがちだったとおもわれる。その根拠は、岩陰祭祀では、文字どおり巨岩の岩陰でいとなまれた祭祀であって、その巨岩が「依代」として機能しただろうという点にある。つまり、その巨岩が「依代」として機能する限り、神は巨岩に降臨したはずである。とすれば、祀られる神と神を祀る者のあいだには、いわばワン・クッションあることになる。したがって、岩陰祭祀では、岩上祭祀に比べれば、神懸かりは起こりにくかったにちがいない。

それでなくても、岩上祭祀では、祀る者の心身は、すべて空間にさらけ出されている。無防備といってもいい。その緊張感は、他の祭祀の場所と、雲泥の差があったはずである。

ちなみに、「神懸かり」を論じるとき、宗教学では、それが「憑依」なのか「脱魂」なのかがよく問題にされる。「憑依」とは、なにものかが人間に「憑《つ》く」ことであり、外から見た場合は、そのひとと本来の人格とは別の人格があらわれてくるのが通例だ。「脱魂」とは、そのひとの魂が身体から抜け出して、どこかまったく別の場所——多くは霊的な世界——に到達し、そこでしばし過ごしたのち、再びそのひとの身体に戻ってくることであり、外から見た場合は、失神した状態のように見える。

ふつうは、このどちらかいっぽうが起こると考えられているが、中には、密教の成就法のように、まず「脱魂」して、心身を「空」の状態にしたのち、今度はどこからか、仏菩薩を呼び出して、心身に入れ、人間と仏菩薩の融合一体化を求める方法もある。

もし、岩上祭祀で「神懸かり」が起こった場合は、常識的には、「憑依」とみなしていいだろう。祭祀の主宰者に神が憑いて、「託宣」というかたちで、通常では知りえない情報をもたらし、航海の安全をはじめ、さまざまな祈願を成就してくれるよう、もとめたと想像されるからだ。

岩にのぼれる人数が限られる

また、じっさいに、岩上祭祀の遺跡の上にのぼってみて、初めて気付いたことがある。岩上祭祀遺跡は、その場となったI号巨岩もF号巨岩も、ともに海に向かって、上り勾配《こうばい》がついているのだ。

それは特にI号巨岩で顕著で、まっすぐに立っているためには、片方の足をかなり後方に引いていなければならない。

したがって、ここでは立っているよりも、上り勾配の方向に向かって、ひざまずいたほうが、身体が安定する。そして、その方向には、玄界灘が広がっている。

祭祀が、時期的、時間的に、いついとなまれたか、現状ではわかりようもないが、岩が向いている方向から考えて、春分もしくは秋分の時期に、いとなまれた可能性があるのではないか。また、斜面の上で身をかがめ、なにものかを礼拝するとすれば、その対象は水平線上に昇ってくる朝日と考えるのが、いちばん自然だろう。そう考えれば、祭祀は、日の出の時間帯にいとなまれた可能性もあるのではないかとおもわれる。

さらにいえば、岩上祭祀の場合、岩の上にのぼれる人数は、おのずと限られてくる。とりわけ、F号巨岩はかなり狭い。しかも、岩の中央部は祭壇で占められているので、人がいられる場所はひじょうに限られてしまう。せいぜい数人がいいところだろう。

おまけに、F号巨岩は、いまでも梯子を用意しなければのぼれないくらい高く、かつ切り立っているので、上でなにをしているのか、下からはほとんど見えない。

こういう事情を考慮すれば、少なくともF号巨岩における岩上祭祀に参加できた人数は、さして多くなかったにちがいない。その代わり、祭祀の緊密度あるいは秘匿度は、きわめて高かったと想像される。この点は、さきほど指摘した「神懸かり」説を、側面から補強してくれるかもしれない。

岩陰祭祀——沖ノ島祭祀の最盛期

岩陰祭祀の段階になると、祭壇をもうけ祭祀をいとなむ場所が、磐座の上から地上へと降りてくる。祭祀の場の移動は、宗教学の立場からすると、きわめて大きな意味をもっている。なぜなら、神が顕現もしくは降臨する場としての「依代」が、祭祀の主宰者（人間）から岩へと移行することになるからだ。もちろん、岩が「依代」になろうと、人間が「神懸かり」になる可能性は残るが、神と人間のあいだに岩という存在が介在してくるために、その頻度は、前段階に比べれば、激減したとおもわれる。

もっとも、現実問題として、岩陰祭祀の場がもうけられた巨岩は、急峻すぎて、のぼれない例が多い。仮に、のぼれたとしても、平坦なところや傾斜のごくゆるいところが見当たらず、祭祀をいとなむ祭壇が設定できない。この点は、岩上祭祀がいとなまれた巨岩と、決定的に異なる。

付近に、のぼれて、しかもその上に祭壇をもうけられるような巨岩がなくなったので、岩上祭祀に終止符が打たれたのか。それとも、岩上祭祀をつづけることを拒否するなんらかの要請があったので、祭祀の場所を地上に降ろしてきたのか。いまの時点では、答えるすべがない。岩上祭祀の時代と岩陰祭祀の時代のあいだに、古代人の神観念が変化して、神と人間のあいだの距離が遠くなりつつあったから、それに連動して、祭祀の場所も変わったというのが、いちばんありそうな話かもしれない。

ただし、岩陰祭祀の場合、岩の陰に身を置くわけだから、安心感とともに、「籠《こ》もる」という感覚が生じやすかった可能性がある。この「籠もる」という感覚は、非日常的な体験をえるためには重要な要素だ。どこかに籠もることで、通常では出会いがたい神仏との出会い、その加護を獲得できたという伝承は、空海の阿國大瀧獄における神秘体験や親鸞《しんらん》の六角堂参籠の例をはじめ、数多い。

宗教学の立場でいえば、「籠もる」という行為は、母親の子宮への回帰と通底していて、心身の原初的な状態をもう一度、取り戻すための象徴的ないとなみでもある。また、伝統的に神道では、神を迎える際に、特定の場所に忌み籠もって、心身を浄化する「聖別」の過程が欠かせないとみなされてきた。この点に注目するならば、岩陰祭祀のすべてとはいわないまでも、少なくともその一部に、「聖別」の初期的な形態を見出すことができるかもしれない。

いずれにしても、現時点で二三箇所が発見されている祭祀遺跡のうち、岩陰祭祀の遺跡は一二箇所もあって、全体の半数以上を占めている事実は、無視できない。どう考えても、岩陰祭祀の時代こそ、沖ノ島における祭祀の最盛期にほかならないからだ。

奉献品の点からも、岩陰祭祀の時代が、沖ノ島における祭祀の最盛期だったことは証明できる。舶載を含む武器・馬具・装飾品・工具・カットグラス・金属製雛形品・土器などで、文字どおり豪華絢爛。まことに見映えがするものが多い。

事実、沖ノ島が「海の正倉院」と呼ばれるゆえんは、この岩陰祭祀と次の段階の半岩陰・半露天祭祀の奉献品によるところが大きい。また、これらの奉献品は、後期古墳（五世紀後半から六世紀）の副葬品と共通している。

こう見てくると、岩陰祭祀は、もはや岩上祭祀の時代とはそうとうに異なる様相を呈してきたと考えるしかないだろう。「葬祭未分化」の状態が終わりを告げつつあり、同時に祀られるものと祀るものの「未分化」もまた終焉を迎えつつあったようである。

半岩陰・半露天祭祀――安定化と形式化

半岩陰・半露天祭祀は、祭壇の立地が、岩陰を利用しつつも、岩陰を越えて、露天にまで広がっている。現在、この段階にあると考えられている遺跡は、二箇所しか発見されていないが、そのうちの一つから出土した奉献品はすこぶる多様かつ豊富である。

その、金銅製龍頭や金銅製五弦琴など、超一級品の奉献品が出土した五号遺跡は、「依代」となる中央の巨岩、および左右の岩から構成され、遺跡の全体が、カタカナの「コ」のかたちをしているので、いわゆる囲まれ感がある。さらに、入り口にあたる部分には、左右から小さな岩が地面から出ていて、祭祀の場をかなりはっきり区画していて、これまた囲われ感を強めている。いわば、「天然の社殿」のおもむきすらある。

したがって、祭祀をいとなむ際は、安心感や安定感に満たされただろうが、その反面、岩上祭祀の段階のように、心身を空中にさらけ出し、緊張感に満ちた状態で、祭祀をいとなんだとはおもえない。

その代わり、安らいだ感覚の中で、神と出会う体験ができた可能性は十分に考えられる。つまり、岩上祭祀の、極度の緊張感に満ちつつ、いわば荒々しいかたちで神に出会うのではなく、もっと穏やかな、安定したかたちで神と出会う場として、半岩陰・半露天祭祀は機能したのかもしれない。それは、もはや「神懸かり」と呼ぶべき形態ではなく、神と人の交流もしくは交感とでも呼ぶべき形態だったともいえる。

しかし、もう一つの半岩陰・半露天祭祀の二〇号遺跡は、五号遺跡とはまったく対照的に、規模も小さければ、奉献品も質素。かつその立地も、急斜面の上にそびえる岩の下というぐあいで、「天然の社殿」どころの話ではない。この立地では、良くも悪くも緊張感はあったろうが、ちょっとでも油断しようものなら、たちどころに転げ落ちてしまいそうで、これまた「神懸かり」にはなれそうにない。

そもそも、同じ半岩陰・半露天祭祀の段階にありながら、あらゆる点でこれほど異なる祭祀の場が設定されていたこと自体、理解に苦しまざるをえない。その原因が、祭祀の遂行によって航海の安全を祈るべき使節の軽重にあったのか、それともまったく別種の理由によるのか。謎としか、いいようがない。もしかしたら、過渡期に特有の混乱があったのだろうか。

なお、五号遺跡から出土した金銅製五弦琴は、天照大神を祀る皇大神宮《こうたい》（伊勢神宮の内宮《ないくう》）の御神宝の一つとして、平安初期（一〇世紀）に編纂された『延喜式』に規定されている「鵄尾琴」に、ひじょうによく似ている。また、同じく出土した紡績関係の金銅製雛形品も、御神宝の一つとして、規定されている。

ということは、五号遺跡では、伊勢神宮の祭祀に類似する祭祀がいとなまれていた可能性がある。これは私の想像にすぎないが、もしかしたら、伊勢神宮型の祭祀では、安定した祭祀の遂行が第一で、へたに「神懸かり」されては困るというような要請があったのかもしれない。

ようするに、いくら奉献品が豪華かつ高貴だからといって、それが祭祀そのもののエネルギーを高めるわけではない。むしろ、大和政権が体制を、律令の理念にもとづいて、きちんと固めれば固めるほど、宗教的エネルギーは、逸脱を警戒されて、衰退をよぎなくされていったとも考えられる。

露天祭祀――終末期の様相

沖ノ島における祭祀の最終段階は、露天祭祀である。この段階の祭祀は、これまでの三段階の祭祀とは対照的に、もはや巨岩の存在を必須の要素とはせず、もっぱら平坦な地面を祭祀の場とする。もっとも、平坦地とはいっても、島全体が急峻な沖ノ島のことなので、いくぶんかの傾斜はある。

露天祭祀の特徴は、一〇号遺跡を典型例として祭祀の場所全体が、とにかく大量の国産奉献品で埋め尽くされている点にある。奈良時代から平安初期ころに製造されたとおもわれる杯・蓋・鉢・高坏・壺・甕などの須恵器を中心に、奈良三彩の小壺類、皇朝銭、八稜鏡、滑石製の人形・馬形・舟形などが出土しているが、その量のあまりの多さに、調査はまだ半分ほどしかできていないという。

そのほとんどは、祭祀にあたり、畿内地方から持ち込まれたものと考えられている。しかも、船載品はまったくない。つまり、国産品ばかりで、かつてのように外国から輸入された貴重な物品が一つもないのである。当然ながら、高額の出費はなされず、祭祀の形式化も目立つ。ようするに、沖ノ島の祭祀も、もっぱら質より量で勝負する時代に入っていたといっていい。

しかし、さすがは沖ノ島らしく、馬形・舟形のように、交通にかかわる遺物がたくさん出土している。また、出土した須恵器や三彩の小壺類の器形の分析から、沖ノ島の他の遺跡が基本的に、一箇所一祭祀、いいかえれば毎回、祭祀の場を変えていたのとは異なり、この遺跡では複数回にわたって、祭祀がいとなまれていたことがわかっている。とすれば、一回ごとの祭祀にそそがれる宗教的エネルギーが小さくなっていったとしても、それはそれで致し方ないことだったのだろう。

ただ、一つだけ、留意しておきたいことがある。それは、最終段階の祭祀では、従来のように、航海の安全を祈るだけではなく、前述のとおり、新羅海賊をはじめ、日本の海を荒らし回る存在の討滅を祈っていた可能性がかなり高いという点だ。

もし仮に、そうだとすれば、露天祭祀の奉献品の中に、いわゆる「呪詛《じゅそ》」に用いた形代などが含まれていても、少しもおかしくない。現時点では、そういう視点から奉献品を調査研究したことはまだないようだが、今後の進展いかんでは、「呪詛」の事実が証明されないとも限らない。

造形化された辺津宮の三女神

古来、神道の常識では、神々は不可視の存在であり、ときにその気配を感じたり、あるいは人や動物に憑いたりすることはあっても、日常的に目にできる対象ではなかった。この原則は、いまでも、多くの神社で守られていて、いわゆる「ご神体」は鏡であったりするのがせいぜいである。なかには、大和の三輪山のように、山そのものを「ご神体」として、それすらないところもある。

ところが、ある時期に限って、神々が造形化されたことがあった。仏教のホトケと神道の神の友好的な関係を説く「神仏習合」に影響され、仏道にならって、神々の彫像が製作されたのだ。

宗像大社辺津宮でも、そういう時代がかつてあった。ご祭神の三女神は、その名も「御三所霊神」

や「三所大神宮」、もしくは「三所大菩薩」と称され、神像として造形されて、辺津宮惣社（第一宮）に祀られていた。

鎌倉時代の後期にあたる建治三年（一二七七）に書かれた『宗像三所大菩薩宮々御在所御座次第』（『宗像神社史』宗像大社復興期成会、一九六一）によると、そのようすは、以下のとおりだった。

まず、惣社には、三女神が、大菩薩の名のもとに、奉斎されていた。第一大菩薩は、等身大。身体の色は黄金で、いろいろな彩色をほどこした錦の衣と、青地錦の打掛けをまとう。髪の卜のほうに花の飾りを、同じく下のほうに黒地の布でつくった冠をいただき、右手に如意宝珠《にょいほうじゅ》を、左手に羽扇を、それぞれ持っている。全体としては、唐風の装束といっていい。そして、高さ六寸の四角な地盤、方形の牙状壇の上に立っている。第二大菩薩も第三大菩薩も、ほぼ同じ姿をしている。

次に、第二宮（中殿）にも、三所の大菩薩像が奉斎されていた。大きさは二尺五寸で、四角の机の上の、三重の彩色のある御座の上に安置されている。手は、惣社と同じである。ただし、髪は、釈迦如来のように、螺髪《らほつ》で、金色の頭光がつけられている。

さらに、第三宮には、石の御正体があったようだが、三女神ではないので、省かせていただく。

三女神が、きらびやかな唐風の装束を身にまとう神像として造形化され祀られていたというのは、沖ノ島の古代祭祀を知る私たちにとっては、いささかならず驚かされる。しかし、これが中世における神信仰の姿にほかならなかった。

図 31　宗像大社辺津宮図（『宗像大社』をもとに作成）

高宮祭場の真実

驚かされる事実は、他にもある。それは、高宮祭場《たかみやさいじょう》である。

高宮祭場は、辺津宮の本殿・拝殿から南西の方向へ、宗像山に向かって五分ほど、のぼっていったところに位置している。ここからは、いまは木々が生い茂っていて見えにくいが、かつては海越しに、中津宮のある大島が一望できたと聞く。

じつは、高宮と呼ばれた場所は二箇所あった。一つは、現在、「高宮祭場」と呼ばれている場所で、往古は「下高宮《しもたかみや》」の名が付けられていた。

下があるということは、当然ながら、上がある。それが「上高宮《かみたかみや》」の名が付けられていた場所で、辺津宮の西南約三〇〇メートルにそびえる宗像山の頂上にあった。この上高宮からすると、下高宮は二〇〇メートルほど下がったところにある。

高宮が重要な理由は、ここここそ神が降臨した場所だったと伝承されてきたからだ。現に、宗像大社が発行しているパンフレットには、高宮祭場の説明として、こう書かれている。

> 宗像大神御降臨の地と伝えられます。悠遠のいにしえ、この地でお祭りが行われ、現在も昔ながらに続けられています。神籬・磐境《いわさか》というお祭りの原点を今に残す、全国でも数少ない古代祭場であります。

もちろん、この説明にまちがいはない。しかし、より正確を期すならば、古代以来、現在に至る

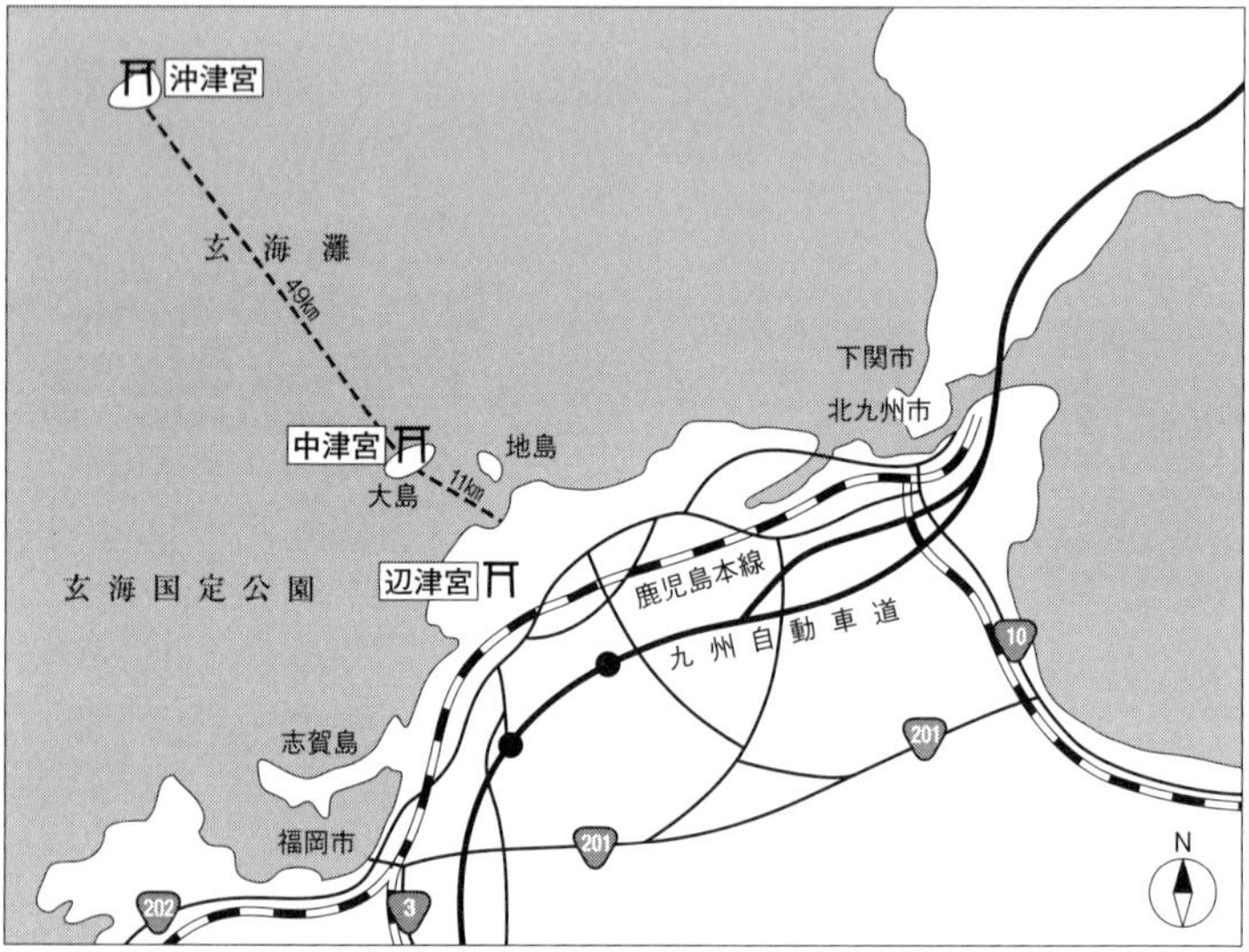

図32　三宮関係図（『宗像大社』をもとに作成）

までには、さまざまな紆余曲折があり、結果的に、いま再び、古代の姿がよみがえっているというべきだろう。

　さきほど引用した『宗像三所大菩薩宮々御在所御座次第』には、下高宮の神像について、こんな記述がある。大きさは、みな一尺五寸。顔を白く塗られ、衣は赤地で、その上に青地の打掛けを着ている。第一神と第二神の手の形は、惣社の神像と変わらないが、第三神のみ、手に白い笏《こつ》をもつ。

　さらに、三女神の周囲には、合計で七三体もの、眷属《けんぞく》（配下）や使者の像まで安置されていた。そのうちわけは、冠をかぶる俗体像が一〇体、天童形像が五三体、仏形像が一〇体で、大きい像で一尺五寸ほど。他に、獅子の像が二体あった。

　そうなると、中世の高宮には、神々がにぎにぎしく祀られていたわけで、私たちが神道に対していだきがちな、簡素にして平明というイメージとは、ほど遠い。しかし、これもまた、宗教の時代といわれる中世における宗像大社の、ほんとうの姿だったのだ。

では、宗像大社辺津宮において高宮が占めていた地位はというと、辺津宮を「里宮」とすれば、「奥宮」にあたる。しかし、高宮そのものが上と下の二箇所あったわけだから、もともとは、上高宮が「奥宮」で、下高宮が「里宮」だったはずだ。そして、奈良時代の末期に、辺津宮に社殿が造営される前の段階では、これら二箇所の高宮で、祭祀がいとなまれていたと推測されている。

ということは、沖ノ島で国家的な祭祀が盛んにいとなまれていたころ、この宗像の地で祭祀がいとなまれる際は、もっぱら上高宮と下高宮が、その場に選ばれていたことになる。したがって、現在の高宮祭場について、「悠遠のいにしえ、この地でお祭りが行われ」という説明は、まったく正しい。

なお、鎌倉時代の中期以前に造営されていた上下二つの高宮の社殿は、その後の戦火の中でいつしか失われ、現在見られるかたちになったのは、昭和三〇年（一九五五）の四月一日に、整備されて以降のことである。申し添えれば、もともと高宮祭場は、現在とは異なり、西北の方向に面していたらしい。この方向ならば、沖ノ島や大島に向いていることになる。

この方向の問題を除けば、高宮祭場は、辺津宮が誕生した当初の姿をいまに伝えている。その意味で、まことに貴重な存在といっていい。

以上、ご覧いただいてきたとおり、宗像大社・沖ノ島は、日本の宗教史を語るうえで、絶対不可欠の存在といっていい。縄文・弥生時代の遺跡はもとより、四世紀後半に始まる古代祭祀の遺構を、タイムカプセルさながら保存してきた沖ノ島。そして、沖ノ島の最終段階の祭祀形態を、現代まで受け継いできた宗像大社。両者のもつ歴史的な重要性は、他に類例がまったく見当たらない。

しかし、その重要性に比べ、宗像大社・沖ノ島に対する関心は、これまで十分とはいえなかった。このままでは、古代人の神観念、大和政権の外交政策が必須とした国家祭祀の内実などはとうてい理解できない。本書をきっかけに、宗像大社・沖ノ島に関心が寄せられ、さらに研究が深まることを願ってやまない。

Ⅱ

探訪沖ノ島

〈特別寄稿〉沖ノ島　謎があるから豊かである　夢枕獏

〈対談〉沖ノ島はなぜ神の島になったのか　夢枕獏・正木晃

沖ノ島現地大祭に参加して、沖津宮の
祭礼に集う人びと（中央が夢枕獏氏）

【特別寄稿】

沖ノ島　謎があるから豊かである

夢枕　獏

一

神道には、縄文の神々の痕跡が残っているはずだとぼくは思っている。

縄文人は、もちろんのこと、神（々）を信仰し、それを祀《まつ》っていた。ただ、それがどういう神々か、どのように信仰していたのか、それがよくわかってはいない。

これを、縄文土器にある様々な図像や紋様からさぐってゆき、『記・紀』の神話と対比させている方々もおられる。

縄文信仰に関係のある極めて重要なもののひとつに、石がある。

この石と神道とも、なかなか深いところで関係がある。

皆さんも知っているある京都の神社で言えば、

「うちのほんとうの御神体は、実はあそこにある石なんです」

という話である。

これも、ある時取材で訪れたある神社でのことだが、

「ふだんは見せないんですけどね。ちょっとこれを見ていって下さい」

その神社の御神体を見せていただいた。

それは、人の頭部ほどの、ごろんとした石であった。ただの石。何かに似ているような、似てないような、ようするに、そこらにありそうな自然石。

これが、何だか凄かった。

妙にぞくぞくした。

新しい信仰、新しい神々が入ってきた時、古い神をほろぼしたりもするかわりに、自然に、それまでの土地で信仰されてきた神々と合体したりもする。あるいは、同じ土地に社を建てる。あるいは、その信仰形態を新しい宗教が取り入れてゆく。これは、どの時代でも、どの国でも普通に繰り返されてきた歴史的な事実である。

縄文から弥生、古墳時代にかけて、日本でもこれと同じようなことがあったはずだと思っている。

つまり、神道や神社などに、その古代縄文の神々のあれこれが、痕跡として残っているのではないか。

その古代の信仰は、動物、植物、石、岩、山、あるいは場——地面そのものを信仰するものだったのではないか。

少なくとも、石や岩を神、あるいは神々のよりしろとして信仰するというようなことがあったのではないか。

三輪山も神であり、その頂《いただき》近くにある磐座《いわくら》が、信仰の対象となっている。

この石の神、つまり石神——これが、宿神である。

石神（しゃくじん）、宿神（しゅくじん）。

石神井《しゃくじい》という地名も、もとはこの神に関係がある。

これはつまり、このまま、安倍晴明が使うところの式神（しきがみ・しきじん＝陰陽師の意のままに動く鬼神）であろうと思っているのである。

ま、こういう時に、正木先生から連絡をいただいて、

「沖ノ島に行きませんか」

と、お誘いを受けたのである。

正直に告白をしておけば、ぼくは正木先生から連絡をいただくまで、沖ノ島のことを、実はよく知らなかった。

普段は人が入ることのできない〝おいわず〟の島で、一年に一度、抽選で選ばれた二〇〇人だけが、そこにある沖津宮に参拝することができる——しかも女人禁制。男であっても、島へ上陸するには、いったん全裸になり、海に入って禊《みそぎ》をしなければならないということなども、知らなかった。

で、さっそくにわか勉強をした。

島にある沖津宮の裏手の山腹に、巨大な岩がごろりごろりと鎮座しており、その上で四世紀後半から岩上祭祀が行なわれていたという。岩の上に、サークル状に石が並べられ、その中心に大きな岩がある。

写真を見ると、縄文時代のストーンサークルと似ていなくもない。岩上、岩陰、半露天、露天と、

場所を移しながら、この祭祀はなんと十世紀初頭まで六〇〇年続けられていたというのである。現代も参拝者があることを思えば、とぎれつつも一六〇〇年ほども続いていることになる。

銅鏡、鉄剣、ガラス製品、白玉、子持勾玉、唐三彩、金細工の品々など合わせて八万点余りが出土して、これが全て国宝となっている。

島は、黒潮の流れる玄界灘に、独立峰の頂の如くにぽつんとそびえている。

話によれば、縄文人が生活した跡もあるということである。

これは、何としても見に行きたい。

「ぜひ連れていって下さい」

そうお願いをした。

二

宗像市に入ったのは、空からであった。沖津宮参拝日の前日までぼくは韓国にいて、釜山から飛行機に乗って、九州入りしたのである。上空から、沖ノ島は視認できなかったが、宗像大社の中津宮のある大島は、左手下方に確認できた。

そのまま正木先生たちと合流して、大島に渡り、中津宮に参拝——他の土地からやってきた我々のような参拝者は、大島の民宿にそれぞれ宿をとって分宿。

当日は、大島の港を、朝の七時に漁船で出発をした。

一時間ほどで、沖ノ島が見えてきた。

「ほんとうに、感激するそうですよ。広い海に、沖ノ島しか見えない。島が見えるとほっとしたかもしれませんね」

前日、沖ノ島から出土した品々が展示されている神宝館を案内してくれた学芸員の方がおっしゃっていたが、それは本当のことであった。

この海域を航海する者にとっては、標《しるべ》の島である。

沖ノ島に到着すると、すでに先に着いた船を降りた参拝者たちが、すでに服を脱ぎ、海に入って禊をしているのが見える。

我々も、海岸に上陸し、岩陰に脱いだ服を置いて、素足で海に入ってゆく。

思ったほど冷たくはないものの、それでも海水の冷気が身体をひきしめる。首までつかって手を合わせた。

禊で、全身水につかる――というのは、儀式としてなんと簡潔で、効果的なものであろうか。

多くの人々――年齢も様々、職業も様々――二〇代の若者もいれば、老人もおり、頭に日の丸の描かれたハチマキをしている方々もいる。

そういう人たちが、その身に抱えている俗世が、水に入ったその一瞬、たちまちにして反転する。身ひとつの個となって、何ものかに対して平等の存在となってしまうのである。

まさに、生まれかわったような気分になる。

なるほど、禊というものにはこういった効果があるのか。

この後、服を着て、いよいよ沖津宮に向かう。

鳥居をくぐり、坂を登り、森の中に入ってゆく。

亜熱帯のジャングルさながらである。周囲の地面には、犬や猫が潜りそうな穴が、ぼこぼことあいている。オオミズナギドリの巣である。あちらには、オオタニワタリが生えているのが見える。まさに太古の森である。

沖津宮は、巨大な岩石ふたつに左右からはさまれるようにして建てられていた。大地の手が合掌され、その間からこの社《やしろ》が生まれ出たようにも見える。

参拝した後、特別に許可をいただいて、社のさらに奥にある、岩上祭祀の行なわれていた巨岩とその周辺を見学させていただいた。

四〇年前、発掘されたおりに撮られた写真とはだいぶ様子が変わっていた。石が、きれいにサークル上に並んでおらず、石の数も少ないように思える。人がやったのか、風の技《わざ》であるのかぼくにはわからないが、現状の維持を、もっと本気で考えた方がよいのではと思える光景である。

ここでの印象については、本文の対談の方を読んでいただくとして、記しておくべきことが幾つかある。

それは、縄文の神々につながるようなものが、印象として、この現場からはあまり感じられなかったことである。これについては、予想していたことながら、少し残念であった。

そして、もうひとつ——

印象深かったのは、この岩を、ひとつの船と見たてた時、その舳先《へさき》とも言える部分が、北である朝鮮半島の方ではなく、いずれも九州の方を向いていたことである。

これは、巨大な岩をひとつの船に見たて、航海の安全などを祈ったということもあったからであろうか。

それは、そのまま、大和の方まで向いているのかもしれず、この方向に、何らかの意味がありそうに思えたのである。

祭祀現場の全てが、いずれも島の南側に集中していることも、何らかの意味があるはずである。

四〇年ほど前の発掘以来、研究はあまり進んではいないらしいが、この謎は、もっとあれこれ議論されてよいことであろうと思う。

謎があるからこそ、古代史はおもしろく、豊かなのではないか。

【対談】 沖ノ島はなぜ神の島になったのか

沖ノ島に最初に来た人類

正木 まず、沖ノ島は博多港の沖合い七七キロに浮かぶ小島ですが、この一帯に人類が進出したのはいつ頃なのかを考えてみたいと思います。前にちょっと、縄文海進[*1]の時とか、それから水がもっと少ない時期に、沖ノ島の辺りは一体どうだったのかって想像してみたんですよ。

夢枕 縄文海進の前ですね。

正木 一万二〇〇〇年くらい前だと、海がもうちょっと低かったでしょうからね。

夢枕 大体、その前は日本海は湖で沖縄もずーっとつながっていて、トカラギャップとケラマギャップの二カ所だけつながってないところがあるんですよね?

正木 ええ、一部だけ切れているんですよね。大体、初期の人たちが、日本に来たのが三万年前か四万年前の間くらい。その頃は多分、完全につながっていたんでしょう。日本海が今みたいな形になったのは、一万数千年くらい前ではないですか。四方八方が切れて海になる前はつながっていたんですよね。

これは今日の話に直接つながるかどうかわかりませんが、この間、『日本人になった祖先たち――DNAから解明するその多元的構造』（篠田謙一、NHKブックス、二〇〇七）を読んだんですよ。一六回来ているという。[*2]

夢枕　縄文人、弥生人、渡来系弥生人がどういうふうに来たかという話ですね。

僕らの普通の感覚からすると北方からも入ってきて――この人たちはアイヌ民族のルーツになって――、あとは南の方からも黒潮にのってきた人がいて、それに朝鮮半島を経由してきた人たちが来て、最初に縄文というのが形成された後に弥生系の人たちが大陸からやって来て、縄文文化と仲良く融合したという感じでしょ。それとは違うという主張ですよね。

正木　初期は多分南、北からあったかもしれないが、もっと多層的に移住して形成されたという説です。さらに敷衍《ふえん》して考えると、どうも縄文人の原型みたいなものが東北アジアで形成された後で朝鮮半島経由で入ってきたんじゃないかという説です。沖縄とアイヌが、他のアジア地域に見られない遺伝子をもっていて、原日本人に近いのではないか、ということです。

夢枕　だから、むしろ間が、違うわけですよね。日本列島で一番古い人たちはアイヌ系の人たちと沖縄系の人たちがいて、真中に大陸から来た人たちがいたという。

正木　アイヌの人たちが、遺伝的にはインディオの人たちのルーツ[*3]に近いというんですよね。どうもベーリング海峡を越えてあっちへとつながっていったらしい。縄文期もさっき言ったように、最後に来た縄文の人たちはひょっとしたら東北アジアで形成され朝鮮半島経由で入ってきて、最後に弥生系の波が入ってきて混ざり合って「日本人」ができたというわけです。

夢枕　日本人の感覚でいうと、縄文人は土着であると基本的にみんな思い込んでいますよね。もうちょっと大きい眺めでみると、縄文人ですらどこかからやってきているわけですから、その多くは朝鮮半島から来たという流れが一番自然ですよね。

正木　ええ、どう考えてもね。

夢枕　弥生だけが朝鮮半島から来たんじゃなくて、縄文そのものも朝鮮半島から来たものがベースになっているというのが、やっぱりわかりやすい流れだと思いますよね。

＊1　縄文時代前期、今から六〇〇〇年前に温暖となり最も海面が高くなった時期。

＊2　日本列島の人間の遺伝子を解析すると一六の特徴的なパターンに分かれることから、一六回移住の波があったという説。

＊3　遺伝子的にみると、アイヌや沖縄の人々は、アジア地域より、むしろシベリアを越えて北米大陸に渡った子孫である現在の南米の民族に近い。

最古の縄文遺跡

正木　沖ノ島の最古の遺跡が縄文期ですからね。

夢枕　それもすごいですよね。僕は取材で沖ノ島に行く時に、テレビのスタッフから「縄文の遺跡もありますよ」って言われて、それも自分の中では縄文と直結しているんですよね。でかい岩を拝んでいるイメージがあったんですが、でも、あれはどうも直接、岩を拝んでいるんではなさそうですよね。実際に行ってみると、岩を利用しているみたいな感じがする。

縄文ということでやっぱり思い出すのは、ストーンサークルですよね。最初、「サークルがあるんですよ、真中にちょっと大きい石があって」って言われた時に、「それは縄文系の神様を信仰してたのではないか」と思っていたんですけど、写真をみたり現場にいってみたりして全然別物だろうなという印象でしたね。

正木　ただ、二一号遺跡[*1]という、二番目に古いと言われている遺跡は、囲んで真中に石を立てているのは事実です。発掘調査報告書だと、四角くなって真中に石が立っていますよね。最初は四隅に置いてあったみたいですね。ですから、ひょっとしたら真中に一番大きい岩があって、四隅に石が並べてあって、その間を全部小石でつないでいた可能性はあるみたいです。プリミティブな祭祀の場としては、よく見られるタイプです。

夢枕　それって、なんで今残ってないんですかね？

正木　調査報告書の写真を撮った時点では残ってました。それ以前は、上に木の葉が積もっていたんだそうです。それで守られていたんですね。それを取ってしまったので、却って流れてしまったのかもしれないんです。一八号遺跡というのも非常に古いんですけれども、どうやら、次の機会に調査をしようとしていたら、その前に落石で壊れてしまった。極めて重要なI号巨岩[*2]の上の一番重要な遺跡なのに調査報告書のページ数は極端に少ないんです。というのは、壊れてしまったという非常にどうしようもない理由なんですね。

夢枕　我々が行った時は、特別な許可を宗像市と宗像神社の方からもらって現場に入ったんですが、行ってみると、案外かんたんに許可なしに入ってると思われる方々がいましたね。遺跡があるというので観に行った人が動かしてしまったとかあるんじゃないですかね。

正木　以前は今と違ってそういうこともあったかもしれませんね。また、報告書によると、この島に今もたくさん生息しているオオミズナギドリが飛び立つために岩の上に乗って、ぐちゃぐちゃにしてしまった可能性もあるそうです。

夢枕　今回、入って思ったんですけど、ほとんど無防備ですよね遺跡って。上にあがった時に、写真より石の数が少ないなぁという印象はありましたよね。

正木　今と違って昔は、それと知らずに壊してしまったり、「一木一草たりとも持ち出し厳禁」とは言ってましたが、中には記念に持っていってしまったような人もいたかもしれません。もっとも、そういうことをすると、必ず祟りがあったそうですが。

夢枕　遺跡としては、そういう意味ではあやういですよね。

正木　結局、人にオープンにすればそうなってしまうんでしょう。もっと大昔は、おそらくほとんど人が入らなかったし、考えてみれば千数百年間、金銀財宝というかすごい鏡なんかがごろごろ転がっていたわけです。逆に言えば、それはものすごいことです。ほとんど盗掘されていないみたいですから。一部江戸時代に黒田藩の人間が行って、持ってきて奉納したという事実はありますけれど、比較的そのまま残っていたということなので、壊れたのは最近と言えるかもしれませんね。

＊1　遺跡は一から二三までの番号が振られて整理されており、二一号はF号巨岩に残る遺跡。

図1　21号遺跡を前に語り合う2人（右が夢枕獏氏）。真ん中に大きめの岩が残されており、何らかの祭祀が行われていたようだ（岩は発掘調査団が後で復元のために置いたもの）。

＊2　巨岩も同様にAからMまでの番号が振られ整理されている。I号はテラスが張り出した複雑な形状を持つ。

なぜ遺跡は一〇〇〇年間も守られてきたのか？

夢枕　日本の天皇陵でもなんでも、ほとんど盗掘されているでしょ。それを考えると、そこにそのまま金と鏡、ああいったものが残っていたというのは本当に奇跡みたいな話ですよね。

正木　世界的にみてもおそらくまずないでしょう。

夢枕　雨ざらしでしょ、要するに。深く埋めて、どこだか場所がわからないというわけじゃなくて。

正木　いくら絶海の孤島と言っても、はっきり言って小船か何かあれば、行けないわけじゃない。乗り上げることは可能なわけですから。にもかかわらず千数百年の間、あれが保たれてきたのはなぜなんでしょうって逆に聞きたくなる（笑）。だから、よほどタブーというか、禁忌が強かったのか――。

夢枕　「不言島《おいわずさま》」ですよね。あがった人間は島で見たことを言ってはいけない。そういうものがあったんじゃないですかね？

正木　あったでしょうね。通説では一〇世紀の初頭で国家的な事業をおこなうにあたり、国家そのものが奉献品を用意し、祭祀を担当する国家祭祀が終わりますけど、その時点からほぼ一〇〇〇年でしょ。その間ずっーと一〇〇〇年以上にわたって守られてきたというのは、一体何なんでしょうね。

夢枕　情報が漏れなかったんじゃないですかね？　おそらく普通の一般のところには。

正木　国家祭祀ですから最高機密であった可能性もあります。もう一つ田心姫《たごりひめ》神[*1]っていうのは霧の神様だって言われますから――我々の行ったときもちょっとガスっていましたけど――、意外にここ自体もともと近づき難いのかもしれません。それにしても、漁民たちは当然知っていたわけで、それにもかかわらず、強い禁忌の念があって、手をかさなかったんでしょうね。

ところで、沖ノ島は釣師の目から見ると普通の島みたいに近づきやすい島なんですか？　それとも、あれだけ波があるとやっぱり近づき難い島なんですか？

夢枕　いつの時代かにもよりますよね。もう、現代の釣師にとっては性能のいい船がありますから、行くだけなら何の問題もないですよね。エンジンつきの船で行って、船というのは先端に一個か二個タイヤをつけていますからそこを岩場に押し付けるんですね。エンジンをかけてずーっと岩に押しつけたままでいて、その間に岩の上にのりますので、人間の足がのる場所さえあれば、もう行けない場所は基本的にはないでしょう。大体どんなところでも行ってしまうんです。

一番沖ノ島がすごいのは、マグロが船の上からではなく立って投げて釣れるところだということですね。で、黒潮があそこまでずっと入ってきていますので、魚が釣り切られるということがないんです。常に黒潮で魚が補充されて、新鮮な魚が必ずあそこに来て回遊していくんですね。例えば、ヒラマサとかがいっぱいあの海域に押し寄せてくるんです。それが、すごく魅力的な場所ですね。

＊1　沖津宮の神である田心姫神、大島の中津宮の湍津姫神《たぎつひめ》、宗像の辺津宮の市杵島姫神《いちきしまひめ》とともに『古事記』に「この三柱の神は、胸形君等のもち拝く《いつ》三前《みまえ》の大神なり」と記されており、宗像地方に降誕したと言われている女性神。以来、宗像神社の祭神となり、後五世紀に至り国家神となった。

玄界灘周辺に生まれた文明圏

正木　ちょっと話はそれますが、だからこそアシカがいっぱいいたんでしょうね。今、韓国との間で領有権をめぐり問題になっている竹島では、明治の後半期まで日本人が盛んにアシカ猟をやっていたんです。縄文期の遺跡からは大量のアシカの骨が出ていて、どうもアシカ猟に来ていたのは確実のようです。

夢枕　縄文人が？　それはどっちから来ていたんですかね？

正木　それが問題なんですよ（笑）。

夢枕　朝鮮半島の方から来てたのか、北九州の方から来てたのか、どうなんでしょう（笑）。

正木　どうも、今見つかっている発掘だと、出土してくるものの内容から考えて北九州の方から行ったということのようですね。ただ、私たちはどうしても現代の国境を考えてしまいますが、朝鮮半島の南部と北九州で玄海灘を挟んだ一帯に、文明圏みたいなものがあったと考えた方が多分実情に近かったと思うんです。

夢枕　それが、一番自然ですよね。太平洋みたいに広いわけじゃないので、実際にかなり行き来はあったと思いますよね、縄文の頃から。

正木　そうですね。もうすこし地理的に言えば、対馬が朝鮮半島との間にありますよね。ですから、九州側から行った方が行きやすいんでしょうかね？　どうですか、その辺り海流の流れなんていうのは。

夢枕　わからないですねぇ。単に物理的な海流の流れというよりも、むしろ、住んでみないとこういう感覚はわからないと思うんですよね。僕ら今、対馬というと日本の領土ですから何となくこっちから行く方が行きやすいですけど、昔のそういう国境がない頃は対馬が一つの「クニ」みたいで、そういう小さな「クニ」がいっぱいあったんで、それで考えないとダメですよね。ただし、釜山の釣師は今、たくさん対馬に釣に行っています。船で四〇分くらいなんです。

今回、沖ノ島に行ってからまた釜山に釣に行って、地図を示しながら、「実はちょっと前までこの辺りの島に行っていたんだよ」と言ったら、「いや、我々だってしょっちゅう対馬には釣に行っているよ。パスポートを持って四〇分で行ってグレを釣るんだ」と言ってました（笑）。だから、その釜山の釣師は対馬を「近い」と思ってますね。

縄文人のニホンアシカ猟のルート

正木　もう一つは、第三次調査の報告書に書いてあるんですが、どうも幼獣とメスしか獲っていないんです。つまり繁殖期に行ったみたいなんです。ニホンアシカはアシカの中でも一番大きい部類で、オスは二八〇キロとか三〇〇キロになるんだそうです。

夢枕　それはどうやって殺していたんですかねぇ？

正木　どうも出てくる道具からすると、棍棒でぶん殴って撲殺するか、石槍で突いたり弓で射ったりしていたようです。

夢枕　そうか、それこそ陸にあがったアシカですね。でもどこにあがっていたんですかね？

正木　多分、我々が上陸したところ（御前）あたりのようです。骨が出てくるのは鳥居をくぐってあがったところにある社務所前遺跡というところなんです。おそらく、あの一帯だったということです。

夢枕　あの辺りくらいですもんね、アシカがあがって来れるのは。じゃあ、あそこにいっぱいいたんだ。

正木　そうですね。もっとも、オスは大きすぎて手におえないんで、オスの半分以下の大きさのメスか幼獣を手に入れていたようです。面白かったのは、考古学の方では、オオミズナギドリ*1の卵を獲ったんじゃないかという推測がされているんです。波の静かな時期にオオミズナギドリも卵を産み、アシカも繁殖期を迎えるらしいんです。大体、五月から七月、八月が繁殖期らしいんですが、その時期は、唯一、沖ノ島の付近でも波が静かなんだそうです。

夢枕　それと同じことを言われました。沖ノ島で釣をするのは六月が一番いいって。一番波がないんで、その時期が一番いいんだって言うんですね。

正木　だから、私の推測ではおそらくアシカとか、オオミズナギドリの卵を獲りにいくのにその時期だった可能性が一番高いと思うんです。その時期に、朝鮮半島から行くのが有利なのか、本土から行くのが有利なのかというのは気象学者か誰か、海流を調べている人に聞いてみたいと思っています。

夢枕　でも、基本的には海流そのものは西からくる海流ですよね。あとは風ですかねぇ。

正木　そうですね。我々が渡った時のように、霧が出ている時は基本的には風が吹いていないわけですから、比較的楽に行ける。

夢枕　朝はすごく霧が出ていましたよね。今日はダメかなと思ったら、漁師の方は「これは晴れるぞ、いい天気だぞ」と言いましたよね。そしたら本当にすっと霧が晴れました。

正木　本文で書きましたが、見つかっているいろんなスクレーパー、石匙の産地が長崎県松浦市の星鹿半島と、それから大分県の国東半島なんです。

夢枕　ふーん、じゃあ日本海側の北域ですね。

正木　ええ、だから日本から行った可能性が高いだろうということになる。それから、縄文中期の土器*2も、北九州の沿岸部と瀬戸内の周防灘の付近と同じ土器なんだそうです。だから、島に渡っていたのはあの地域の人たちなのかもしれない。ひょっとすると、例えば壱岐からくるっと回って海流にもうまくのると、北九州の沿岸部や山口県辺りにたどり着きませんかね？　南に下ってくる時に海流にのってすーっと。

夢枕　それは、海流の流れとしては十分ありえますね。

正木　ですよね。だから、その可能性があるんじゃないですかね。とすると、今お話ししたように北九州の西部辺りから行って、ニホンアシカやオオミズナギドリの卵を持って、くるっと回って帰ってくる。

夢枕　あの、沖ノ島は今、結果として日本の領土になっていて、日本の神社がありますよね。これは、おそらく歴史的事実のある一部を反映しているんじゃないかなと思います。今、話をしていてふと思ったのは、向こうから見ると沖ノ島は対馬の影になっているのかなと思いますね。こっちから行く時は、最初に沖ノ島という感覚があると思うけれど、向こうから来た場合は何か対馬でおさまっちゃうような気がしますね。

＊1　体長はカラスくらいだが、翼長が一二〇センチと極端に大きく、グライダー状に滑空する。長時間飛び続けるには適しているが、逆に飛び立つのは苦手で丘や枝上から飛び降りるように舞い上がる。こ

のため急を衝かれると捕獲されやすい。

＊2　模様が多様化したことが知られている。有名な火炎土器や籾殻が印刻された土器なども発見されている。

空白の弥生時代

正木　祭祀時代が四世紀くらいから始まるじゃないですか。あの頃は日本は倭の五王の時代です。ただ、もうちょっと戻って言うと、弥生時代のことがほとんどわからないんです。土器が見つかっていて、かなり弥生人が来ていたことはわかっているんですが、何の目的で来ていたかはわかってないんですよ。

というのは、ニホンアシカなどの動物遺物というものは弥生時代の遺跡からは出ていないのか、あるいは精密な調査が行われなかったのかして、不分明なままなので、弥生人が来ていた目的がわからない。縄文人については遺物が大量に出ているので、アシカ猟がまず確実。しかも、石匙、スクレーパーと言われている皮の解体用のナイフ状のものが出ているので間違いないんですが、弥生はわからないんですよ。次に、ぽっと出てくるのは四世紀の祭祀遺跡ですよね。その間、ちょっと間が空いていてよくわからない。

夢枕　縄文のアシカ猟以降、この島はずっと忘れられていたんですかね？

正木　どうなんでしょう。普通に考えれば、弥生人は朝鮮半島から対馬、壱岐辺りを通って来るんだと思います。いきなり、沖ノ島の沖合いを、東側辺りをぬけて真直ぐ来るっていうのは冒険ですよね。

夢枕 ちょっとないですよね。信仰を抜きに単に移動として考えると、どうしても安全なルートを通りますから。おそらく一番陸が近い島伝いにくる。水もある、避難所もいっぱいある。

でも沖ノ島だったら、もう風かなんかで流されたらたどり着けないじゃないですか。わざわざあっちを通るというのは、例えばさっき言ったアシカの漁をするとか、何か特殊な目的がないとないんじゃないですかね。それとも、縄文人は、我々が考えるよりずっと、航海の術に長けていたということでしょうか。

正木 ですよね。ちなみにそのアシカ猟がなぜできたかというのは、真水が得られた[*1]というのがいちばん大きいです。我々も禊の後に浴びましたが、絶海の孤島で真水を得るというのはすごく難しい。

そして、倭の五王の時代の航海ルートは、やはりとりあえず、博多辺りに出て壱岐、対馬を経て行ったらしい。それから朝鮮半島南部に入って、西海岸に回って遼東半島まで行って、遼東半島から山東半島から南へ下ったか内陸へ入っていった可能性もあるとか。これが初期のルートで、おそらく遣隋使の時代までそうだったんじゃないかと。その後、新羅との関係が上手くいかなくなって——。

夢枕 あそこを使えなくなって、直接海を渡るんだ。

正木 そうです。今度、壱岐から五島の方に行って、五島から真直ぐもう西に入る。その時にわざわざあんな絶海の孤島まで行って祭祀を行った理由ですが、やはりあの近辺を通ったからでしょうね、普通に考えると。

＊1　島の西端部にある入江の砂浜を上がったところに湧水がある。近くには「大麻畑遺跡」があり縄文時代から用いられていたようだ。

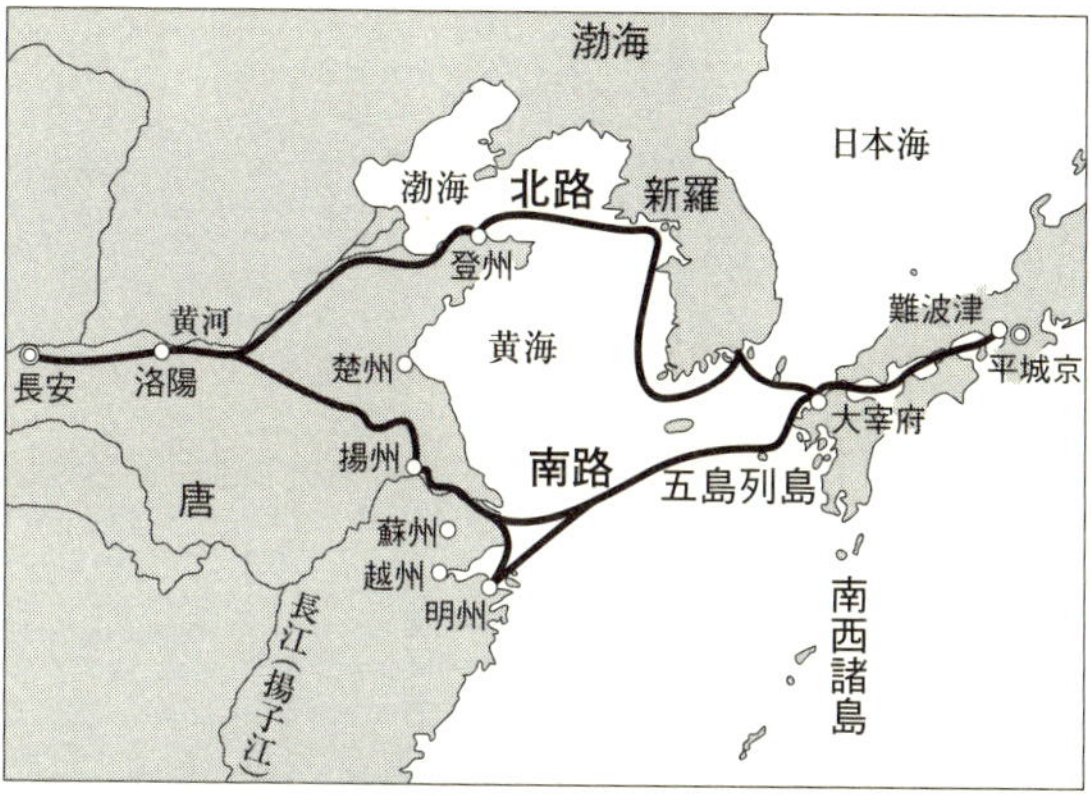

図２　唐使船の航海ルート（東野治之『遣唐使』より）

航海の目印だった沖ノ島

夢枕　だから、あの当時、航路があったということですかね。少なくとも祭祀をやっている頃まではあったと。

正木　ええ。だから、沖ノ島を少なくとも目印にする形で、あそこを渡っていくというのはあったんではないか。でなければ、ここで祭祀をやる意味がよくわからない。伝承みたいなものがあって、「聖なる島があって、そこは絶海の孤島の中で、ある種、人間の生存が許されている場所ですから、その近辺を通っていく。万が一難破した時も、そこにたどり着けば安全だ」という。どうも、今でも、我々が上陸した辺りに、いろいろなものが漂着して打ち上げられるらしいんです。だから、ひょっとして難破しても、あそこに打ち上げられるということがありえたかもしれない。

夢枕　今でも避難港として現役らしいですよね。島にはあがれないけれども、ちゃんと港には防波堤があって、そこはもう国籍を問わずどこの船だろうと避難港として利用していた――じゃなくて、今でも利用しているという。

正木　だから、私が宗像市役所の方から聞いた話では、ロシアの船まで入ってくるという。あれは、象徴的ですよね。古代もそうだったんじゃないですかね。もちろん今みたいに港があるわけじゃないけれども、少なくとも我々が上陸したところは遠浅になっていますから、あそこで乗り上げてくれば、どうにか陸までいけますからね。

夢枕　日本海文化圏って相当古い時代からあったと思うんですけど、そうすると朝鮮半島だけじゃなくてもっと北の方、日本の東北や、いわゆる今のロシアの方からもいろんなものがやって来ていたのかもしれませんね。

正木　そうですね、渤海《ぼっかい》とかあったわけだし。そういう交易ルートの中で結構有名な場所だったのかもしれませんね。

夢枕　航海の目印としてね（笑）。

正木　絶海の孤島だから、ものすごく目立つでしょ。あの海域の中で唯一の島ですからね。

夢枕　宗像大社神宝館の学芸員の人に案内してもらった時に、「古代の人がずーっと船で行って、何にもないところであの島があるとほっとしたかもしれませんね」って言ってましたけれどね。本当

図３　テトラポッドに護られた沖ノ島の港。付近を航海する船の退避港として使われている。

に周りに何にもない中にあそこだけぽこっと島がある。やっぱり、昔の人は、相当心強いというか、頼りになったんじゃないですかね。いざとなればあそこに行けばいいという。

初期の大和政権の影響

正木　やっぱり、最大の謎は、なぜここでこれだけ大規模な祭祀が営々と六〇〇年も続いたかということなんですよ。

夢枕　それは、おそらく大陸というか朝鮮半島との関係を抜きにしてはありえないだろうと思いますよね。

正木　逆に絶海の孤島だからやったんでしょうね。人が住んでない場所だから。今では沖ノ島は、田心姫神っていうことになっていますが、こういう神様がこの島に同定されるというか、固定されるのはいつなのかというのはよくわからないんですよ。それこそ、倭の五王の時代から祭祀が行われていたとして、一体どういう神様を祀っていたのか?

夢枕 不思議ですよね。『日本書紀』などによれば、アマテラスがスサノオの剣を噛み、ウケヒをして生まれたのが、宗像の三女神ですよね。スサノオが出雲系の神であることを思うと、沖ノ島における信仰は、何か出雲系の人たちとのつながりの中で産まれているのかもしれないですよね。沖ノ島にまつられている田心姫は、ある意味スサノオの子供でもあるわけですからね。

正木 そうですね。それで、先ほど少し申し上げたように、おそらく日本で一番古い祭祀遺跡だと。子持勾玉《まがたま》[*1]が最古のものだということなので、まず間違いないだろうと思います。

夢枕 三輪山[*2]の子持勾玉より古いんですか?

正木 ええ、形式が一形式古いそうなんです。で、おそらくこれはまた後の話になりますが、鏡なんかも大和政権が祀ったことはまず間違いないらしいので、少なくとも四世紀の中頃からはここに大和政権が進出しているんですよね。宗像の君、あるいはその原型になるような勢力がここに祀ったというならまだ話は結構わかるんですけど、最初期の祭祀遺物に大和政権側のものが出てくるというのは一体何なんでしょう(笑)。

夢枕 うーん、いろんなことを想像すると、歴史的に大体民族が滅ぼされると、滅ぼされた民族が神殿を作っていた場所に新たに神殿を作っちゃうケースが世界中にいっぱいありますよね。インカをほろぼしたキリスト教、あるいは中国の三星堆遺跡《さんせいたい》なんかもそうだし。根拠はほとんどないんですけど、その時に、過去の神様を全部取っ払って捨てて、そこで新しい神をまつりはじめたら、前の神の痕跡はおそらくなくなると思うんですよね。縄文の人たちの遺跡は信仰によるものではなさそうなので、そこまで彼ら――つまり大和政権の担い手たち――は頭が回らなくて、縄文遺跡以外の遺物をきれいに捨てたのかもしれないですね。

正木　弥生人が沖ノ島に行っていたのは確実で、それも、かなり頻繁に行っていた。それこそさっきの話に戻せば、四世紀の段階でアシカがいたのかいなかったのかという話になるわけですぐ海流が変化したりすればいなくなるだろうし、もう一つは人間が頻繁に来るから、怖がっていなくなってしまったのかもしれない。多分、獲り尽くすというのはまだ技術的に難しいと思うんです。

あと、もう一つは人類学者の鈴木正崇先生（慶應義塾大学教授）から指摘されたんですが、国家祭祀をするので動物を殺してはならんというので聖域にされてしまった可能性もないではない。ようするにアシカは自然に来なくなったのかもしれない。あるいはアシカはその時点ではまだいたんだけれども、獲ってはならんみたいな命令が出たことが初期にはあったかもしれない。

夢枕　ああ、なるほど。

＊1　縄文時代末期にみられる。勾玉が勾玉を生むところから国家の繁栄を祈ったと言われている。

＊2　奈良県南東部にある円錐形の山。縄文時代より崇拝の対象とされていたと言われ、三輪山そのものがご神体と考えられ禁足の山とされてきた。祭祀遺跡としては、辺津磐座《へついわくら》、中津岩座《なかついわくら》、奥津磐座《おくついわくら》などの巨岩群がある。

四世紀に始まる国家祭祀

正木　しかし、いずれにせよ四世紀の中頃に国家祭祀がはじまって、それが大和政権的なものだったと考えられます。子持勾玉だけではなくて、ここで見つかっている初期の遺跡から発掘された鏡のほとんど九割方が仿製鏡《ほうせい》というメイド・イン・ジャパン――中国製のものを元にして鋳返しとかいろんなことをして作ったコピー――ですよ。原型になるものが大和地方で見つかっているので、これはもう大和政権が奉納したというのはまず間違いない。

夢枕　そうですね。ただ、朝鮮半島ルーツのものも出ているんですよね。それはどうなんですか。それはいったん大和朝廷のもとまで行ってから、運ばれていったんですかね？　それとも畿内に入る前に、あそこに入っちゃったものなんですかね？

正木　勾玉に関しては数が少ないですけれど、大和政権が西へ進出していく拠点集落にあるようです。現状では、その一番西側が沖ノ島らしいんです。むしろ、少し時間をずらして言えば、中期以降の祭祀遺跡の中に百済を中心にするような朝鮮半島のものが多くなるんですよね。そして初期のものには大和政権型のものが多いようです。

夢枕　あの龍頭[*2]って出ていますよね、中国の壁画にもある。あれはいつ頃の時代なんでしたっけ？

正木　あれは初期ではないですね。時代が下ってからのもののようです。百済との関係が強くなってからのものだろうとのことなので、少なくとも初期の四世紀や五世紀の段階ではないみたいですね。逆の方が解釈はしやすいんですが、初期は大和政権型のものなんですよ（笑）。これ、どうも難しいんですよね。例えば、二一面の鏡が出ている一七号遺跡では、鏡が岩の間に挟み込むような形で見つかっているんですよね。溝の上に差し歯のような形で置いてあったみたいなんですけれども、あれがほとんど全て仿製鏡ですよね。ですから大和朝廷側の者が持っていって、あそこに運んだんでしょうね。

＊1　三角縁神獣鏡は新羅よりもたらされたものとされている。また金製指輪や金銅製馬具も新羅由来のものである。
＊2　胴部を棹の先に固定し、口部から天蓋《てんがい》を吊り下げて用いられた金具。中国製の渡来品。

遺跡はすべて日本側を向いている

夢枕　あと、あの岩上に行ってはじめてわかったのは、全部日本側を向いているということですね。
正木　そうなんですよね。朝鮮半島側を向いた遺跡が少なくとも現時点ではないし、専門家の間でも、おそらくないだろうと言われているようですね。ほとんどは宗像をただ向いている気がするんです。
　これは印象論というより現実ですけど、岩上祭祀を行っていた岩がみんな舳先の上がった船のような三角形の形をしているのは間違いなくて、その舳先がほとんど九州本土を向いています。

夢枕　宗像の方を向くということですよね。下の神様だったら上の神様の方を向くということだから。宗像大社を見てるのか、それとも他の何かをみてるのか。

正木　これ、なかなか微妙なところなんだけど、宗像を向いているとも言えるし、方向からすると、それをはるかに越えて大和を向いているという気もしないでもないんですよ。

夢枕　昔の人ってそこまで正確に方位って読めたんですかね?

正木　太陽の動きなんかをかなり正確に捉えていた気もするんですよね。縄文時代のストーンサークルは太陽の方向と無関係ではないようです。もう一つは、もっと単純に日が昇ってくる方向というのはあって——「日出ずる処の天子」ですから。やはり伊勢がなぜ大和から選ばれたかというと、日が昇る方向だろうという説が結構強いので、ある意味ではそういう方向として東を向いているとみえなくもない。

夢枕　意外と伊勢を向いていたりするんですかね（笑）。

正木　そこまでは何とも言えないですけど（笑）。普通にみると、どう見ても北九州だし、もうちょっと遠くだと大和というイメージがなくもない。

夢枕　大和か北九州か?

正木　我々、どうしても玄海灘っていうことで考えるから宗像って言いますけど、やっぱり大和政権的なものが遺物で出てくるでしょ。

夢枕　大和朝廷がやっていたということだと、十分大和を向いているという可能性も——。

正木　ありますよね。玄海灘をさらに越えてね。あまりそういうこと言った人はいないかもしれませんけど（笑）。これは多分、正確な方位を測ったら出てくるという話ではないと思うんですけれども、いずれにせよ朝鮮半島側に向いたものは一つもないというのは絶対的な事実です。

岩上祭祀が下に降りた理由

夢枕　僕は、沖縄の斎場御嶽《せーふぁーうたき》*1というところに行ったことがあるんですけど、印象的にはあれもここにちょっと似てるかなという感じはするんですね。

正木　私も植生からいって御嶽のイメージはちょっとあるんですよ。植物は亜熱帯系のものが多いし――。

夢枕　そうですね。で、御嶽で言うと斎場御嶽も大きな岩があって、その岩の下に歴代の聞得大君《きこえのおおきみ》たちの塚みたいなのがあって、そこから金が出てるんですよね。それから岩上でも祭祀をやっているんですよね。あれは、ちょうど、東側にある久高島《くだか》をニライカナイ*2に見立てて、海の向こうにむけて岩の上から祭祀をやっていただろうという話を聞いたことがあるんですが、やっぱりそういう匂いがあるんですか？

正木　大和をほめたたえるうえで、うましくに（美し国）という言い方がありますよね。そこまで視野を広げていくと、やはり大和が入ってくるのかもしれないですよね。岩上祭祀って非常に不思議ですよね、見ていても。

夢枕　不思議ですね。どうして岩上から、岩陰、露天と、だんだん場所が移っていったんですかね？　少しずつ岩から離れていく。

正木　ええ、初期に言われているのは、岩は祭場だったというか祀りの場で、あそこに神を降ろしてくるというか神が降りてくるんだと。ま、初期の場合は磐座《いわくら》信仰*3ですよね。それが次第次第に下に降りていって、岩によっては祭祀が行われた裏、背後に依代《よりしろ》となる岩があるという解釈を考古学の人たちはしていますね。ですから、最初は岩そのものに人間が登っちゃってたんですね。やはり、そこから降りていってということは、逆に言えば神の地位が人間に比べるとだんだん上昇していくんですかね？

夢枕　あの、三輪なんかも、最初は磐座を信仰していたのが、今は山そのものがご神体みたいになって下から拝んでますよね。あんな感覚に近いものがあるんですかね。

正木　ひょっとしたらね——当時は天皇と言わずに大王だったでしょうけど——大王の権威が増大するとともにそれを祀る側の人々の地位が下がってくるというか。これは全く想像上の話で専門家がどうおっしゃるかわかりませんが、そういうことが大和政権の中での大王の地位とどこかリンクするのかもしれません。おっしゃるとおり、降りてくるのは不思議ですよね。今までどおりやっていてもいいわけじゃないですか。

夢枕　例えば、一度やってしまった場所はできないので、岩の上でやっちゃったらしょうがないから下に降りてくるのかなぁとも思ったんですが。どうなんですか、それは。もう場所がなくなるから自然に移ってきたのか。

正木　ご覧になったように、島の中でも祭祀に使われた場所ってそんなに広くないんですよね。沖津宮の周辺も磐座群だけで、他に岩があっても使ってない。

夢枕 そうか、だから使ってない岩を使えばいいわけですもんね。

＊1 沖縄県南城《なんじょう》市にある史跡。一五～一六世紀の尚真王《しょうしんおう》の時代の御嶽。最高の御嶽という意味で国家の最高神職である聞得大君が管理した。

＊2 沖縄や奄美諸島で信じられている楽園。

＊3 神道信仰の基層にあたる信仰であり、巨岩を神の依代とする。

図4 17号遺跡突端部分を見つめる2人。樹木が現在のように繁茂していなければ、ここから玄界灘が臨めたはずである。

なぜ中腹で行ったのか？

正木 もっと言えば、今、灯台があるようなもっと高い峰の上で神降ろしをやったってよかったはずだと思うんですよ。一ノ岳、二ノ岳ってあるわけだし。でも、ああいうところでやってないですよね。なんであそこなのかなって不思議なんですよ。

夢枕　やはり、こっち側から、北九州ないし大和を向いているということが大事だったということなんですか？

正木　普通、三輪山なんかでも山頂か山頂付近も磐座でやっていたって言いますから。山の上でやった方がいいんですが、そうじゃない。中腹ですからね。

夢枕　もしかしたら、灯台のあった辺りに何かあったかもしれないですね。

正木　そうですね、あと、一ノ岳、二ノ岳といわれているようなところの中に、島の背骨みたいになっているところがあるじゃないですか。あそこに何かあるのかなぁ～という気もするんですよ、何とも想像するしかないんですが（笑）。

夢枕　それは、もう実際に発掘をそういう考えでやるしかないですけどね。ここには絶対何かあるはずだって。島で一番高いところなんで、まず、放っておかないですよね。

正木　あそこまで登ったら四方八方見えるわけだし、神が降りてくる場として一番ふさわしいはずですよね。

夢枕　もしかすると、もう一回あの周辺で何かの発掘をやった方がいいのかもしれない。発掘と言うようなものになるのかどうかわからないですけど。

葬儀と祭儀が未分化な状態

正木　おっしゃるように、御嶽なんかとの同時性を考えると、ややこもった感じの場所の方が神が降りてきやすいのかということですよね。それと、非常に不思議なのは、一つの遺跡で二一面もの銅鏡を奉納しているでしょ。当時だと莫大なものですよね。

夢枕　あれ、一回に二一面なんですか？　何年かにわたって奉納したものじゃなくて？

正木　考古学者たちは一括してと考えているみたいですね。

夢枕　何か溝みたいなところに、何枚も挟んでありますよね。あれは、その都度毎回挟んでいったと思っていたんですけど、そういうわけではないんですか？

正木　どうも一括らしいんです。それも、例えば宗像の君のような人がいて、九州各地の豪族に呼びかけてみんな一枚ずつ出してこい、それでまとめて一括でというのと、はじめから大和朝廷が手持ちのものを全部まとめてもってきたのとどちらかと言うと、後者の大和朝廷側が手持ちのものをまとめて持ってきたという考え方が有力なんですね。というのは、古墳ではいろんなところから集めてきて、集めた上で一括奉納するという儀礼がないんだそうですね。基本的にはやはり、主宰者が全部持っていってやるのが普通なので、あそこもそうではないかということのようなんですね。

夢枕　古墳って、死者の霊魂を祀るのと神を祀るのと、未分化の時代からやっぱり移ってきた痕跡なんてあるんですか？

正木　井上光貞先生が、葬儀と祭儀が未分化な状態があって、多分、初期の沖ノ島の祭祀はまだ未分化の状態で、死んだ人を祀るという行為と、それから霊魂なり神なりを祀るという行為が、まだ分化していない状態ではないかということをおっしゃっているようなんですよね。その根拠が、初期の祭祀遺跡に奉献・奉納されたものが古墳に奉献されたものと同じだという理由なんですよね。

でも、五九六年に建立された飛鳥寺[*1]も、塔の一番下の心礎《しんそ》と呼ばれる部分から同じように古墳の奉納品[*2]が出ているんですね。もうそれは七世紀近くですから、ずーっと後でも結構そういうことやっているんですよ。そこでは葬儀と祭儀は分化しているはずなのに、にもかかわらず仏塔――多分、日本で一番古い仏塔だったと思いますけど――にそういうものを入れる。考え方によっては、あらたな形式の祭祀をはじめるにあたり、やっぱり前例がないから今までやってきたことをやるという、残滓《ざんし》がのこっているというのが結構ありかなと思っています。そうしないと、五九六年に建立されたものの中に古墳と同じものを入れるってちょっと不思議ですよ。しかも仏教寺院でしょ？　舎利《しゃり》か何かを入れるんだったら、もちろん話はわかるんですよ。でも舎利じゃなくて古墳に入れるのと同じものを入れちゃったっていう（笑）。

夢枕　今の我々の感覚だとはっきり分けられますけど、当時、仏教って本当に新しく入った思想なので、まだどうしていいかわからない。昔のやり方をまだかたくなに守っているおじいさんとかが、そうしちゃったんじゃないですかね（笑）。

正木　ええ。では沖ノ島の場合はどうなったのかなと考えると、やっぱり定型がなかったので古墳祭祀と同じにやらざるをえなくて、その意味ではたしかに死んだ人を祀る葬儀と神を祀る儀礼が当時の人は未分化で、そのことを気にしなかったのかもしれないですからね。

夢枕　昔はもう祖先の霊は完全に神様でしたよね、それがやっぱりだんだん分化していったのは、権力者がだんだん偉くなってきて、死んだ人がみんな神様だとややこしくなるんで、その自分が語ることができる神様が本当の神様、みたいな状態におそらくなってきたんで分かれていったんじゃないですかね。

＊1　前身である法興寺は日本最古の本格寺院。『日本書紀』によると、用明天皇二年（五八七年）に蘇我馬子は排仏派の物部守屋との戦いに際し、この戦いに勝利したら仏寺を建立することを誓い、無事に勝利したので、飛鳥の真神原《まかみのはら》の地に寺を建てることにしたという。

＊2　仿製鏡、碧玉製腕輪、ガラス製の小箱、金銅製武具、工具などが古墳から奉納品として出土している。

地面そのものを祀る

正木　それと祭祀の場所が変遷していって、最後は単なる平地みたいなところになってしまいますからね。

夢枕　なんででしょうかね？　石の陰までは何となくわかりますけどね。平地って神社なんかでもありますよね。地面そのものをお祀りしていて、適切な例かどうかわかりませんけど、伊勢神宮なんかも二〇年ごとに変わりますよね。

正木　はい、「式年遷宮《しきねんせんぐう》」*1。

夢枕　あれは移っても、片方の平地がそのままお祀りされていますよね。

正木　それでいうと、まさに宗像の高宮*2がそうですよね。あそこは周りに木は繁っていますけど、単なる平地ですよね。ただ、そういった意味では最後の祭祀の形が高宮につながっていくと考えると、案外自然につながるのかもしれません。神社って結構、さっきから出ているように磐座を持っているところが多いですけど、宗像大社はないですよね、高宮の場合も平坦地です。。

夢枕　ないですよね。ただ、神様が降りたというだけの平らなところでしたよね。途中、歴史的には色々建物が建った時代もあったけど、今はもとのかたちにもどしている。

正木　しかし、あれは最後の、四段階目の平坦なところでやった祭祀のかたちに非常に近いので、まぁ、あれが定型化されてずっと今日まで来たのかもしれません。

夢枕　あそこはいい空間でしたよね。まわりに楠木がいっぱい生えていて、あれはなかなかいい感じでしたね。

正木　神聖な空間——なかなかないですよ、ああいう空間。

夢枕　ないですね。周りがちょっと原生林っぽい感じがありましたよね、古代の感じが。

正木　おそらくそれは、さっきおっしゃった伊勢神宮の式年遷宮の時の片方空いているという、ああいう空間ですよね。もっと伊勢神宮の方は規模が大きいけれど、高宮の方は高い木が繁っていて、しかも非常にすきっとした空間になってますからね。伊勢の場合は広いので日が当たるんです。高宮の場合はそんなに広くないので、木が繁って日は当たらないんだけれども、聖なる空間っていう意味では非常に共通するものがある。沖ノ島の祭祀の最終形態が宗像に来ていると考えると、話としては了解できますね。

＊1　神宮最大の重儀で二〇年に一度お宮を立て替え御装束・御神宝をも新調して、大御神に新宮へお遷りいただくお祭り。式年遷宮は社殿や御神宝類をはじめ一切を新しくして、神嘗祭を完全な形でとり行うことを目的としている。

＊2　辺津宮の後方の小高い森に位置する高宮斎場のこと。社殿等はなく、磐座だけが設けられている。宗像の三女神が高天原から降誕した地と言われる。

抽象化されていく神様

夢枕　何もない場というのは抽象的な概念なので、それを祈るというのは、かなり精神作業としては高度ですよね。岩とかそういうものに対する信仰の方が先にあったんでしょうか？

正木　普通に考えるとやはり、依代がはっきりある方が古い。ただ、例えばストーンサークルみたいなものって、かなり古い段階から人工的に作ったわけです。だから、一方ではそういう風に作り上げていきます。人間が手を加えた形の神が降りてくる場と、全く手が加わっていない場とありますね。

夢枕　何か方角そのものを祈るっていうのが仏教でもありますよね。何にもない、ただ、漠然とした西とかそういうのありますよね。

正木　日本の例えば、創世神話その他の中、特に『日本書紀』の中に中国の道教*1とか陰陽《おんみょう》*2とかの影響を受けてちょっと抽象的な神様が最初の方に出てくるじゃないですか。あれひょっとしたら、かなり抽象性が高いから何もない空間と考えた方がよいのかもしれません。高皇産霊《たかみむすび》*3とか高木の神*4は、おそらく雷が関わると思いますけれど、中には非常に抽象的な神様がいて、その場合の神様の場というのはひょっとしたらただ玉砂利を敷き詰めただけとかね、具体的な物がない方がいいのか――。

夢枕　相当、抽象化された神様みたいな感じがしますよね、何にもない空間に祈るっていうのは。

正木　六世紀、七世紀の段階で大和政権が祈っていた神のイメージって、アマテラスとかああいう感じでしょう。そもそも、アマテラスが皇祖神として祀り上げられるようになるというのは持統天皇の存在が大きいわけで、持統朝以前に、おそらく高皇産霊、高木の神の方が皇祖神で男性神だったので、おそらく持統天皇が女性でしかも高市皇子《たけちのみこ》*5なんかを排除するかたちで自分が即位してしまったので、女神の地位を上昇させざるをえなかったという説はかなり強いようです。ちょうどあの辺りの時期に大きく神観念が変わるかもしれないんですよね。

夢枕　日本の神様ってわからないですよね。わからないというのは、つまり中国の影響がどのくらいあるのかっていうのも全然見えないし、手がかりがほとんどなかったりしますよね。大体神様って中東の方を見ると、仏教の神様は実は別の名前で、ここではこう呼ばれていたとかルーツがなんとなくたどれるじゃないですか。でも、日本の神様のルーツっていうと、一体どこになるんだろうってちょっと見えないですよね。中国の方かっていうとそうでもない。場合によってはギリシア神話とか、あとはもっと南の方の島の影響も入っているという人たちもいますけど、具体的にそれがわからないですよね。

正木　例えば、沖縄の御嶽なんかで祀る神って、あれは具体的にイメージできるものなんですか？

夢枕　御嶽の場合は多くはニライカナイと結びついていますね。ですから東の海だったり、海の底だったり山の上だったり。ニライカナイがどこにあるかははっきりわからないんですね。御嶽でいうと、御嶽そのものに神を祀るっていうのともまた違うみたいですよね。御嶽というのは本当に不思議で場所そのものが神聖なんだけど、その場所が神でもないんですよね。聖域。神を拝むための場所、宗教施設ではあっても、寺や神社というものとも違う。御嶽を語るよい言葉はありませんね。ニライカナイからくるマユンガナシーなどは、人格神的要素は多いですね。

＊1　中国古来の巫術や鬼道の教を基盤にさまざまな教義を重層的に取り込む。「神道」「天皇」「神器」といった語や陰陽道にみられる日本への影響も強い。
＊2　中国起源の陰陽五行説に基づき平安時代に盛んに用いられた方術。
＊3　天地開闢《かいびゃく》の時、高天原に現れた神・天照大神とともに最高意思を示す神。
＊4　高皇産霊の別名。
＊5　六七二年の壬申の乱の時、高市皇子は近江大津京にあり、美濃国の不破で乱に勝利した。六八六年に持統天皇が即位すると、太政大臣（知太政官事）になり、以後は天皇・皇太子を除く皇族・臣下の最高位になった。

航海の安全を祈る

正木　当然、沖ノ島の場合はどう考えても航海の安全を祈るっていうのが大きかったと思うんですね。航海をつかさどる神というのは、当時の人は具体的にイメージできたんでしょうかね。最終的には田心姫神になるでしょうが、田心姫神以前というのが多分あったという気がするんですよね。それは具体性をもったものなのかどうなのか？

夢枕　田心姫神以前のベースになるような神様がいたかどうかということですよね――わかんないですよねぇ。その時の、朝鮮半島の宗教事情というのはどうだったんですか？

正木　たとえば、三国史記によると、善徳女王（？～六四七）が百済との戦いに勝利すると予言するなど、朝鮮半島は女王が出るような結構シャーマニズム的なものがあった、特に新羅なんかはそういう傾向が強くあったって言いますね。ただ、『三国遺事』となると、壇君神話みたいなものを含めて成立がずっと遅いので、そのまま古代に反映させるのは難しいですよね。

夢枕　クマとか何か動物の？　あれは比較的新しい神話ですよね？

正木　そんなに古くないのかもしれない。動物から自分たちの祖先が生まれるというのは、チベットなんかはサルだとか、モンゴルなんかはオオカミだとか有名なのがありますけど、あれもどこまでさかのぼるのかはわからない。文字化されたのは、そんなに古い話ではないんですね。

夢枕　文字化する時に多分、自分たちの都合のよいようにいじっていますよね。

正木　やはり沖ノ島の場合に考えなくてはいけないのは、先ほどから出ているように初期の段階では大和政権的なものなのに、だんだん、馬具類や金環など、朝鮮半島からの豪華な副葬品が増えてくる。あれはいったいなんだろうと。あれも当時とすれば莫大なものでしょ。あんなものをね、なぜあそこに奉献したのか。

夢枕　おそらく一度手に入れてから持っていったんでしょうけど。

正木　そうですね、あるいは百済の王様が、日本との交易か何か交通の安全を守るためにあそこに祀ってくれと言ったとか？

夢枕　自分たちが直接やるわけにはいかないので、これを奉納するから置いてくれと。文献資料としてはないいんですよね？　中国の方にもこっちの方にも——。

正木　最近どうも中国の文献資料、『魏志』「倭人伝」その他も、どこまで信憑性があるかについてはかなり危ないいんじゃないかっていう話もあるんで。言葉があまり通じない者同士で通訳を介してやっていたところもあるので、実際はかなり怪しいみたいなんですね。

手抜きの祭祀で船が沈んだ？

正木　とにかく営々として六〇〇年もやっていますからね。特に先ほど申し上げたように、ある時期から航路から外れちゃうわけですからね。それなのに遣唐使が終わった後ぐらいまで、ここでずっと祭祀をやるでしょ。よほど大事でないとやらないですよね。惰性でやっていたわけでもないでしょうし、何かここにものすごく重要なものがあるという認識を、当時の日本の古代律令国家がもっていたわけですよね。

夢枕　島から戻ってから正木先生とも一緒に会いましたけど、今は大島の神主をやっている方と港で話をしましたよね。その方は、以前、沖ノ島に一〇日ごとに入って交代で神主の仕事をしていたという人ですが、島では毎日禊をするって言うんですね。でも、一人しかいないのに、真冬もやるって言ってたんですね。真冬に禊っていったら、どう考えても寒いじゃないですか。例えば真似事だけだっていいわけじゃないですか、手をちょっとぬらすとか。そういうことで「これでしました」ってありうるんですけど、誰も見ていなくても、真冬でもちゃんと胸まで海に入るっていうんですね。それで「なんでやるんですか」って聞いたら、「何かあったら恐い」って言うんですね。その何かっていうのは、自分が怠ってしまったがために日本に大地震や天変地異や戦争がおこったりしたら、一回さぼったがためにそういうことがおこっちゃったんだとしたら嫌だなと。それできちんとやるんですよって、彼は言っていたんですけど、これかもしれないですよね。

正木　ある時点で、そういう拠点として確立したということなんです。

夢枕　だから航海の時に、もう見える見えないに関係なく、心のよりどころとして、完全なる信仰として確立しちゃったんじゃないですかね。

正木　ですから、雑な言い方かもしれませんが、一番最初にアシカを獲りにいったり、鳥の卵を獲りにいったり、実用から出発しますよね。それがおそらく朝鮮半島や大陸との交易なり交通関係の中で、実用から信仰というレベルに変質してしまった。いったん変質してしまうと、もうこれは変えようがない。おっしゃったように一年でもさぼったら大変なことがおこって――これも想像ですけど、あまり丁寧にお祀りをしなかった時に遣唐使船がひっくりかえったとか？

夢枕 ああ、なるほど。そういうこともあったかもしれませんね。

正木 もう航路が変わったからいいやって祀りをしなかったら、全滅しちゃったとか？

夢枕 だって、四隻行って半分の二隻しかたどり着けなかったことだってあったわけですよね。空海[*1]の時だって、四隻出発して、たどり着いたのは、空海と最澄ののっている船だけでしょう。少なくともこの時一隻は間違いなく沈んでいる。

正木 あるいは四隻行くうち、ちょっと手抜きの祭祀をやった船だけ沈んじゃったとかあったのかもしれませんよね（笑）。目にものみせられたというか、それでもうこれは絶対欠かせないという話になった。遣唐使船が最終的に終わる時期のちょっと後までやっていたみたいですから、逆に言えば国家的な儀礼、国家が儀礼を伴って遣唐使船を送り出す必要がなくなった時に、ここでの祭祀がほぼ消滅している。

＊1　八〇四年に入唐し八〇六年に帰国、日本に着いてしばらく宗像の地に腰を据え、寺を開基したという言い伝えがある。

一番いいものを奉納した

夢枕　そうすると、いろんな大陸のものが出てくるのも肯《うなず》けますね。航路を通らなくても、大陸との交易で手に入れてきた何かをあそこへ奉納すると。大陸系の黄金の龍頭があるのもありえますね。

正木　ひょっとしたら一番いいものを奉納したのかもしれないですよね。我々だとまぁちょびっと端っこでもいいやと思うんだけど、古代の人たちは一番いいものを選んで奉納していたかもしれない。

夢枕　現代人は神様より大事なものってあるじゃないですか、いっぱい（笑）。でも当時は神様が相当上位概念にあったんじゃないですかね。だって一番いいものを差し上げたんですものね。

正木　そう考えないと、これだけいいものが出てくる意味がわからない。

夢枕　たとえば遣唐使船で唐に行く時に、沖ノ島に奉納するためにこれをって、いい品物を手に入れてきている可能性は――小説家ですから――あったんじゃないかと（笑）。

正木　私もそう思います。何かやるんだとすると事前に、つまり航海する前にこういうことをやっておかないといけないとかたく信じていた。もちろんお礼もしたでしょうけど、航海の前に沖ノ島に行って祭祀を行って、それから出帆するっていうのが当時の人の手順じゃないですかね。当然、上手くいった場合も、それはお礼をしますけど、まず出かける前に捧げるというのは順番としてはあったんじゃないかな。

夢枕　航海ごとというより、年に一回必ずみたいな。それでまとめて全部、一〇隻出る時はなんとかとかね（笑）。

正木　新しい説が出てきた（笑）。じゃあ二一面の鏡ということは、二一隻行ったとかね（笑）。実際にはありえませんが。遣唐使なんていうのは一〇年に一回とか、二〇年に一回とかそんなものでしょう。そう頻繁には行ってませんよね。

夢枕　そうですね、比較的頻繁な時期もあるんですけど、そんなにしょっちゅう行っていたわけじゃない。空海のかえってきたあとは二〇年空いていますよね。

正木　そうですよね。ですから、毎年やっていたのかもしれないし、ある程度まとめてやっていたのかもしれません。

夢枕　ただ、あの頃、もっと行き来してますよ、きっと。

正木　地元の人はね。

夢枕　だって日本との行き来が遣唐使船だけってありえないですよね。

正木　第三次調査隊の隊長をつとめられた岡崎敬先生の論考（「宗教地域の展開と宗像大神」『宗像沖ノ島』宗像大社復興期成会、一九七九）によると、地元の漁民が航海を手伝ったってことらしいです。

夢枕　だって、行けちゃいますもんね。もちろん今みたいに簡単というわけじゃないけど、遣唐使船みたいな大掛かりなことをしなくても行けますよね。縄文人がアシカ獲りに行けたわけですから。

図5　現地大祭で入島するときも、全員が着衣を全て脱いで、海で禊をしなければならない。

遣唐使時代の宗像の勢力

正木　おそらくは、遣唐使がいらなくなった理由の大きな一つは、民間でも十分できるということもあったと言われていますね。

夢枕　そうですね、航海術がある程度発達すれば、自分たちでもうけたいと思った人たちがやりますよね。北九州の方の誰かがちょっと行って交易してこようと思ったら、多分、厳密には取り締まれないでしょう。

正木　それは南北朝の懐良親王《かねよししんのう》*1の話までずっといくでしょう。それこそ中国の皇帝が日本国王として懐良親王を冊封してしまうじゃないですか。中世になると、強大な勢力をあそこにもつ存在が出てきますから、そういう意味では自由に行き来ができたんでしょうしね。

夢枕　江戸の頃に禁止されますよね、帆は一つでなければならないとか何石以上より大きい船は作っちゃいけないとか、徳川幕府が決めていくわけですけど。それまでは大航海民族ですよね、あの辺りの人たちはルソンだとかベトナムだとかいろんなところまで行って交易していますから。

正木 あと、民俗学の方で面白い話があって、明治くらいらしいですけど大阪湾の漁師が自分で伝《てん》馬《ま》船《せん》一隻でベトナムくらいまで行ったっていうんですね。で、魚を捕っては現地の港におろして何年か回って帰ってくるというようなことをやっていたって言うんですね。

夢枕 大阪からたったったったって出て行って——コース想像つきますよね。まずは朝鮮半島に行って、あとは岸伝いに行きながら、お金がなくなったら漁をして、それを地元で売ってお金をもらってそれで行って十分。いやーいいですね、やりたいですよね、それ。

お金のことでいえば、大和朝廷が銅鏡を埋めたと。遣隋使、遣唐使の拠点になったところもだんだん中央がやってきたことになっているけど、宗像自体の財力とか勢力というのは結構大きなものがあったんですよね？

正木 文献上出てくるのは胸形君徳善《むねかたのきみとくぜん》＊2でしょう。この人は天武天皇に自分の娘を嫁がせている。宗像地方にある一番大きな古墳が彼の古墳じゃないかと言われています。当時、天皇の家が娘をよこせなんていうのは、これはとんでもない勢力でなければそんなこと要求しませんし、で、実際うまれたのが高市皇子でしょ。皇位継承者の可能性があった一番優秀だったたって言われた人ですから。まぁ、それを無理やり持統が排除するわけですが、その時点ではもう強大な勢力ですよね、七世紀の中頃ですか。

夢枕　大和朝廷が沖ノ島に何かいろいろ埋めたり置いたりしていますけど、あれは宗像氏を抜きにしては考えられないでしょう。

正木　多分無理です。在地の勢力を抜きにしていきなりは無理だし、まさにあそこまで航海できないと思うんですよ。

夢枕　非常に上手に付き合いつつやっていたということでしょうかね。

＊1　後醍醐天皇の皇子。一三三六年征西将軍となり九州に渡る。大宰府を中心に南朝の勢力をはったが、今川了俊が九州探題に任ぜられると圧迫され隠遁ののち、没した。
＊2　宗像地方の豪族。「宗形」は、「宗像」とも、「胸形」とも、「胸方」とも、「胸肩」とも表記する。

朝鮮半島と日本の関係

正木　北九州はご存知のとおり、磐井《いわい》の乱[＊1]とか大和朝廷との関係って微妙で、磐井なんかの場合は多分朝鮮半島の勢力と組むわけですよ。宗像はその点、非常に上手く立ち回っているところがあって、基本的には大和政権側につきつつ強大な勢力を築いていった代表だろうし、逆に朝鮮半島と組もうとする磐井のような勢力を牽制するためにも、大和朝廷側も宗像的なものを育てるというか援助する可能性はあったと思うんです。それであれほど強大化していくんじゃないですかね。おそらく遣隋使も遣唐使もその前の段階でも、あそこにいた人たちと上手くやらないと大陸に行けないですからね。で、言葉も多分バイリンガルでしょう。

夢枕　多分、大和の言葉と朝鮮半島の言葉と大陸の言葉はできたと思うんです。

正木　韓国の祭祀のあり方がわからないのでちょっと何とも言えないんですが、この祭祀のあり方を大和系だとすると、やっぱりそれなりに大和政権が強烈にアイデンティティを主張したんですかね？

夢枕　したんじゃないですか。もし、大和朝廷のみがそこでやっていたのなら、自分たちの領土の最先端の場所として、周囲に対してここからは我々の神の国だよって。

正木　大和政権が当然関わってくるとすると、例の事実かどうかわからない論争――神功皇后《じんぐうこうごう》の三韓征伐[*2]――があるじゃないですか。ああいうものと沖ノ島って関係あるんですかね。

夢枕　あれは本当かどうかわかりませんが、もし本当なら、関係ないわけはないというのが自然な考えですよね。

正木　いろんな人がいろんなこと言ってますが、確かに朝鮮半島のある部分に大和政権側の影響が及んだことは事実でしょう。ただ、植民地支配のような形での影響力があったかどうかは疑問です。北九州に親朝鮮勢力がいたように朝鮮半島にも親日本列島勢力が当然いたというのが真相に近いかもしれません。その中から、やがて百済という国が勃興してきて、朝鮮半島全体を代替するというか代表する存在となって、日本と友好を結び新羅や高句麗と戦うというのが主な構図のようですよね。

夢枕　あの頃って百済からいっぱい日本に来て帰化している。それはもう仏像みるだけでもわかりますよね。百済系の仏像がいっぱいで、日本の朝廷の中にも入っているし。

正木　外来文化を意図的に取り入れる動向が一時的に絶えるんだそうですね。昔からその理由についてはいろんな説があるんですが、どうも百済が滅んだ時に大量の亡命者が日本に入ってきて、それによって外来文化も飽和状態になる。あえてもう大陸から外来文化を入れる必然性がなくなったって言うくらい、ある時期、大量に入ったそうなんですよね。極端になると五〇万人という説がありますが、それくらい百済人がまとめてきたという。

夢枕　民族の大移動でしょうからね。五〇万は多いかもしれないけど、それはありうるかもしれませんね。

正木　少なくとも何万とかは来ているかもしれない。日本で百済王なんていう称号をもらっている人もいるし、有名な話では平安初期の『新撰姓氏録《しんせんしょうじろく》』*3っていう畿内に住んでいた貴族たちのルーツを書き出したもののうち、たしか三分の一弱くらいが朝鮮半島出身でしょ。そのくらい来たっていますよね。しかも、上層階層の部分にのっかっていたみたいです。今回の話とはすこしそれますけど、そもそも、宇佐八幡の信仰なんかも朝鮮半島の神だという説がありますよね。もちろん、朝鮮半島だけでなく在地の神と習合していくんですが、「からくにのなんとか」とかいう人たちが関わっていて、宇佐とかあの辺は大体そうだって言いますよね。

夢枕　ああ、「からくになんとか」って言いますよね、畿内の方でも。

正木　それこそ、役行者を讒訴《ざんそ》するのも韓国連広足《からくにのむらじひろたり》*4っていう人物です。

夢枕　朝廷に告《ちく》った奴が韓国連って言いましたね。

＊1　六世紀前半に北九州で起きた反乱。任那《みまな》をめぐる日本と新羅との戦いの中で、磐井は大和政権の遠征軍を攪乱させた。
＊2　記紀によると仲哀天皇の死後、三韓出兵を率いたという。
＊3　万多親王らが勅命により編纂。八一五年に完成。
＊4　もとは役小角の弟子。師をねたんで朝廷に、妖術を駆使して悪事をはたらいていると虚偽の訴えをなし、役小角の抹殺を企む。幻術によって他者を支配する。

宗教的な防衛の役割

正木　だから北九州に大量に朝鮮半島の人たちが来ていたことは事実だし、そもそも八幡信仰の原型が新羅だという説があるんですよね。そういうことを考えていくと、ここ一帯の文化ですから、そんなに我々が今考えているほど差はなかっただろうし、逆にさっきからしつこく申し上げているようになぜ大和政権がここでやっていたかということですよね。

これは鈴木正崇先生の説なんですが、宗教的に日本を防衛するためじゃないか。霊的な防御ということを考えて、ここにやはり霊的な意味で橋頭堡《きょうとうほ》を築くという目的があったのかもしれない。

夢枕　結界[＊1]みたいな感じですね。

正木　そう結界みたいな形で、外来の神や何かが入ってくるのを、当時の古代人の発想では食い止めるためにここにあった。鈴木先生の推測では――これはあくまで雑談の中での話ですけど――、全部本土の方を向いているというのは攻撃ではなく、やはり防御を考えたんじゃないかというんですね。ここから先に朝鮮半島的なものが入ってこないようにする、大和政権にとってマイナスの要素が入ってこないようにここで防御していたんじゃないかというんですね。

夢枕　途中からですかね？　最初からですかね？

正木　白村江《はくすきのえ》の戦い辺りではぼろぼろに負けてくるじゃないですか。その後、防御ということに変わったのじゃないでしょうか。

夢枕　霊的防御ですよね。岩上祭祀で行われていた祭祀も結界を張る――京都なんかは、四神相応《しじんそうおう》といって、東西南北に、自然物を見立てるかたちで青龍（鴨川）、白虎（西海道）、朱雀（小椋池）、玄武（船岡山）などという神獣を置いて結界を張ってるみたいですけどね。

正木　そう、岩上祭祀の頃は航海の安全を祈っていた。これは遣唐使があるから、最終段階までやったと思うんです。ただ、やっぱり白村江の戦いで新羅等の連合軍にこてんぱんに負けると、あの辺だと水軍がぼろぼろになって帰ってくるじゃないですか。ここでも危機意識があったと思うんですよね。実際問題として、朝廷側は北九州に侵攻してくるっていう危機を持っていた。随分そのために備えて、実際そういう施策を行ったのは事実ですから。その直後に百済が滅亡してしまうわけでしょ。

夢枕　ですよね。日本に来るかもしれないという時期が当然ありますよね。

＊1　霊的に一定区域を限り、障害となるものの進入を拒む呪法。

百済の滅亡と豪華な副葬品

正木　もう一つ、ある時期、百済系の遺物がめちゃくちゃたくさん出てくるじゃないですか。これは逆に言うと、百済亡国の危機の時かもしれませんよね。百済が栄えている時期よりは、時期的に見ても百済がかなり傾いてきている時期でしょう。そもそも日本に聖明王《せいめいおう》とか聖王*1とか言われている人が仏像を持って来て――あの人たしか戦死しているんじゃないですか――、あの頃から「百済はだいぶ傾いてきていますよね。百済が非常に衰えていった時期と、百済からの副葬品が非常に豪華なものになる時期が一致するのかなという気がします。

夢枕　それちょっと確認したら面白いですね。

正木　ええ、ちょっとこれは考えてみたいと思っています。逆に律令祭祀の確立期には国際的な遺物がなくなってしまう。それで、「奉献品は極めて簡素化されて祭祀が定型化される」という。露天祭祀の段階で、非常に貧相なものになってくるわけです。ですから、岩陰祭祀から半岩陰・半露天祭祀の時が一番派手なんです。唐三彩なんかも出てくるようなことになるわけで、この時期がおそらくさっきもうしあげた百済の滅亡なんかの時期とちょうどぶつかるのではないですかね。いちばん豪華なものが出てくるのが律令以前の段階。岩陰祭祀の段階から半岩陰・半露天祭祀の時期というのが多分、朝鮮半島南部といちばん交易が盛んだった。で、たとえば六世紀中葉という時期ですから、半岩陰・半露天祭祀だと。

夢枕　五四七年、百済が新羅に圧迫されて日本に援軍を求める。

正木　ですから、その時期とちょうど豪華なものが出てくる時期が、ひょっとしたら重なるかもしれませんね。ここでやっぱり護国というか、国を盛り上げるというか、そのために祭祀を行った。あるいは日本との交流を盛んにするためには、当然航海の安全ということを祈りますよね、沈んじゃしょうがないですから。そういうこともあって、ここで非常に豪華な副葬品が出てくる。場合によっては、さっき話が出たように、ひょっとしたら百済の方から祀ってくれという具合に日本側に渡してここで祀った可能性があるのかもしれません。日本にせよ百済にしろ、いずれにせよせっぱつまっていると、そのことが豪華な副葬品の出現とひょっとしたらリンクするかもしれない。まじめにやってたんですよ。ただ、そういうことについての本が全然書かれていないんだよね。歴史とのてらし合わせがあんまりないんですよ。

夢枕　結局沖ノ島の研究というか、報告書が出て以来、四〇年近くも手付かずなんですか?

正木　ええ、一九七一年で調査が終わって、たいへんよくできた報告書[*2]がでてから、あまり進んでいないですね。ですから先ほどの仿製鏡なんかにしても銅の質を分析すれば、どこで作られたかが今は確実に分かると思うんですよ。

夢枕　そうですよね。

＊1　百済二六代の王。五三八年、欽明天皇の時代に大和朝廷に釈迦像・経論などを送り仏教を伝えたとされる。

＊2　一九六九～一九七一年まで行われた沖ノ島第三次発掘調査の結果をまとめた報告書として『宗像沖ノ島』が刊行されている。全遺跡と出土遺物の大半を整理し、詳細に記録している。

定型化する祭祀の形

正木　祭祀の話に戻すと、最後に平坦部でやった露天祭祀を除くと、ずっと豪華なものを奉献しつづけますよね。それが最後の段階で何もなくなっちゃうっていうのも、これもまた不思議ですよね。

夢枕　一番最後がいつって言ってましたっけ？

正木　通説では一〇世紀初頭ですね。

夢枕　その頃はもう形ばかりのものになっていた。

正木　実際には、その六〇年近く前に行かなくなっていたみたいですが、形骸化してますね。逆に、そこまで来ると国家体制が既に確立している上に、民間の通好も盛んになっていますよね、だからあえて何かする必要がなくなったのかもしれません。

夢枕　遣唐使船がなくなったのが、八九四年でしょ。なくなってしばらくやっていたくらいですかね。

正木　ちょっと後までっていう感じでしょうか。ですから、通説ではほぼ遣唐使の廃止とともに終わっているという話になる。宗像氏自身はその後もずっと存続しています。宗家自体は戦国時代後期まで続くわけですから。＊1

夢枕　ほそぼそと宗像氏だけでやっていたという感じでしょうか。

正木　そうですね。ほそぼそというか、あまり以前のようなちゃんとしたものはないというか。後半になってくると形代《かたしろ》*2というか模造品、ミニチュアが増えてくる。形代といわれているものでは、人形《ひとがた》、馬形《うまがた》、船形《ふながた》など、藤原京とか平城京とかで出てくるのと同じものが出てくるんですよ。ですから、祭祀の形がもうここで定型化されたのではないか。だから豪華なものじゃなくて、そういうもので祭祀を行うようになった。そういう意味では、この時期になると沖ノ島の地位は相対的に低落したのかもしれませんね。さすがにこの辺りになると、直接通らなくなってきていますから。やっぱり、何だかんだ言いながらも、次第次第に低落していったらしい。ところがですね、そうは言いきれない要素がないではない。

じつは、九世紀の後半から一〇世紀の前半にかけて、宗像大社の「神階」が、異常なくらい上がっています。最終的には、天慶年間に正一位勲一等という、これ以上はないというところまでいく。さあ、その原因は何でしょう。どうやら、その当時、跳梁跋扈《ちょうりょうばっこ》していた新羅海賊を討滅するのに大いに功績があったらしい。となると、ひょっとしたら、最終段階の露天祭祀では、航海の安全を祈願するだけでなく、新羅の海賊を対象として、「呪詛」をおこなっていた可能性もないではないとおもうのです。そう考えると、天慶年間に正一位勲一等まで「神階」が上昇した理由も、いささかにおう。天慶の乱を起こした藤原純友の討滅に貢献したのでは、とも思えてくる。藤原純友も海上の敵だから、話のつじつまは合います。これが、沖ノ島における国家的な最後の祭祀で、まあいってみれば、六〇〇年間つづいてきた中で最後のご奉公だったのかもしれませんね。

図6　沖ノ島現地大祭を終えて、大島港ターミナルで興奮さめやらぬ２人。

＊1　一五八六（天正一四）年、大宮司氏貞の没後、断絶する。
＊2　神を祀る時、神霊の代わりとして据えたもの。転じて神道では、祓《はらえ》の時など紙や薄板で人や動物、乗り物の形代を作り、祓を行い、終わると川や海に流したり焼き捨てたりした。
（本対談は、二〇〇八年五月二七日に行われた沖ノ島現地大祭に参加した後、改めて行われたものである。）

夢枕獏――ゆめまくら・ばく

一九五一年生まれ。作家デビュー以来書き続けている『キマイラ』シリーズ、安倍晴明を主人公にした『陰陽師』シリーズの他、『上弦の月を食べる獅子』（第10回日本SF大賞）、『神々の山嶺』（第11回柴田錬三郎賞）、『大江戸釣客伝』（第39回泉鏡花文学賞、第5回舟橋聖一文学賞、第46回吉川英治文学賞）など数々のヒット作品で読者を魅了しつづける。ノンフィクション作品に『聖玻璃の山』、『西蔵回廊』などがある。趣味は釣り、カメラ、登山と幅広い。

宗像・沖ノ島関連歴史年表

年代	宗像大社史	日本史	中国・朝鮮
縄文〜弥生時代	沖ノ島に生活遺跡。土器や石器に北部九州、瀬戸内海沿岸との交流がみられる。	五七　倭の奴国王、漢に使者 二三九　卑弥呼、倭に使者	
四世紀後半〜六世紀	沖ノ島で岩上祭祀・岩陰祭祀。 神功皇后の新羅の役に、宗像大神、神助を加え給う。 阿知使主、呉の国より帰り、宗像大神に兄媛を奉献す。	五三八　百済から仏教伝来 六〇七　遣隋使はじまる① ②（六〇八）、③（六一四） 六三〇　遣唐使はじまる [1] 六四五　大化の改新	三一四　高句麗が楽浪・帯方の2郡を滅ぼす（このころ百済・新羅成立） 五八九　隋、中国を統一 六一八　隋滅亡。唐成立
七世紀〜十世紀 六四九（大化五）	沖ノ島で半岩陰半露天祭祀・露天祭祀。 宗像が神郡に定められ、宗像氏は宗像郡の大領（郡司）と宗像宮の神主を兼ねる（〜八〇〇）。	[2]（六五三） [3]（六五四）	
六五五（斉明一）	大海人皇子、胸形君徳前の娘、尼子娘を後宮に納れ、高市皇子生誕。	[4]（六五九） 六六三　日本・百済軍、新羅・唐軍と白村江で戦い大敗 [5]（六六五）、[6]（六六七）、[7]（六六九）	六六〇　唐・新羅、百済を滅ぼす 六六八　唐、高句麗を滅ぼす 六七六　新羅、朝鮮半島を統一する

＊ ①〜③は遣隋使派遣、[1]〜[20]は遣唐使派遣をあらわす。（　）内はその年度。[11][14][15][20]は遣唐使が停止されたので、記載しない。

		六七二　壬申の乱	
六八四（天武一三）	天武天皇の八色の姓の制度で胸形君「朝臣」を賜る。	七〇一　大宝律令の制定 [8]（七〇二）	
奈良（七一〇）〜明治（一八六八）	神仏習合の時代。派遣僧による神前読経（七九四）。第一九次遣唐使の安全祈願の為、僧二人の参籠（八三八）、金剛般若経の転読（八九八）、祭神に菩薩位（九七九）、鎮国寺の創建（一二六三）、などが記録されている。	七一〇　平城京へ遷都	
七一二（和銅九）	「古事記」に宗像三女神と胸形君の由緒が記載。	七一二　「古事記」編纂 [9]（七一七）	
七二〇（養老四）	「日本書紀」に宗像三女神が天照大御神の勅令によって筑紫の地に降臨し、周辺海域を守り、歴代天皇のまつりごとを助け、祭られよと記載。	七二〇　「日本書紀」編纂 [10]（七三三）、[12]（七五二）、[13]（七五九）、[16]（七七七）、[17]（七七九） 七九四　平安京へ遷都 [18]（八〇四）、[19]（八三八）、	
八七〇（貞観一二）	新羅の来寇を防ぐ為、清和天皇、宗像に勅使を遣わされ祈願。	八九四　遣唐使の廃止	九〇七　唐滅亡 九三六　高麗、朝鮮半島を統一
九四〇年代	宗像大神、正一位勲一等の神階を授かる。	承平天慶の乱（平将門と藤原純友の乱）	

＊　遣隋使は、日本側に記録が残っているもののみにとどめた。ただし、隋側の記録によれば、あと２回遣隋使が派遣された可能性がある。

主な参考文献

『沖ノ島―宗像神社沖津宮祭祀遺跡』（第一次調査報告書）宗像大社復興期成会、一九五七年
『続沖ノ島』（第二次調査報告書）宗像大社復興期成会、一九六一年
『宗像沖ノ島』（第三次調査報告書）宗像大社復興期成会、一九七九年
『宗像神社史』宗像大社復興期成会、一九六一年
小田富士雄監修、宗像大社文化財管理事務局編纂『「海の正倉院」沖ノ島』宗像大社、二〇〇五年
神野展光監修『宗像遺産〈自然遺産編〉』宗像市、二〇〇八年
宗像大社「むなかたさま」編集委員会監修『むなかたさま――その歴史と現在〈改訂版〉』宗像大社、二〇〇六年
『宗像大社』宗像大社社務所
井上光貞『日本古代の王権と祭祀』東京大学出版会、一九八四年
大平茂「三輪山麓出土の子持勾玉祭祀」『大美和』一一五号、大神神社、二〇〇八年
岡崎敬「宗教地域の展開と宗像大神」『宗像沖ノ島』宗像大社復興期成会、一九七九年
――「律令時代における宗像大社と沖ノ島」『宗像沖ノ島』宗像大社復興期成会、一九七九年
小田富士雄「沖ノ島祭祀遺跡の時代とその祭祀形態」『宗像沖ノ島』宗像大社復興期成会、一九七九年
河野広道『河野広道著作集』一～四、河野広道著作集刊行会、一九七一～一九七二年
佐野大和『呪術世界と考古学』続群書類従完成会、一九九二年
篠田謙一『日本人になった祖先たち――DNAから解明するその多元的構造』NHKブックス、二〇〇七年
東野治之『遣唐使』岩波新書、二〇〇七年
弓場紀知『シリーズ「遺跡を学ぶ」13　古代祭祀とシルクロードの終着地・沖ノ島』新泉社、二〇〇五年
渡辺誠「再生の祈り」梅原猛、渡辺誠『縄文の神秘』人間の美術1、学習研究社、一九八九年

謝辞

初版に際しては、宗像大社の神島定宮司（当時）ならびに高向正秀権宮司（当時）には、沖ノ島の貴重な祭祀遺跡を訪れる特別な許可はもとより、諸事にわたり格別のご配慮をいただいた。また今回の第二刷版の上梓は、葦津敬之宮司のご理解の賜物にほかならない。

谷井博美・宗像市長には、大所高所から、さまざまなご支援とあついご厚意をいただいた。そして、宗像市役所の中野和久さん、大隈義仁さん、岡崇さんには、遺跡の案内、資料や情報の提供など、いろいろお世話になった。とりわけ、岡さんのご案内で、沖ノ島の岩上祭祀遺跡を実地に検分できたことは、なににもまして、素晴らしい体験であった。

ＮＨＫ出版の向坂好生さんと加納展子さんには、企画から始まって、編集作業をへて、出版に至るまで、すべてのプロセスで、まさに寝るひまもないくらいのご尽力いただいた。

以上の方々に、あつく御礼申し上げたい。

沖津宮・中津宮・辺津宮の三宮すべてを〝世界遺産〟に――第二刷版あとがきにかえて

四世紀後半にはじまる古代祭祀の遺構を、タイムカプセルさながら保存してきた沖ノ島の沖津宮。その最終段階の祭祀形態を、現在まで動態保存してきた大島の中津宮と九州本土の宗像大社辺津宮。この三宮の歴史的な重要性は、世界の宗教史上にも類例を見ない。

とりわけ重要なのは、「『神宿る島』宗像・沖ノ島と関連遺産群」は、今もなお生きている「遺産」だという事実だ。古代以来の深い精神的ないとなみが、こんにちも絶えることなく、つづいている「遺産」なのだ。ようするに、世界各地によくあるような、今はもう死んでしまった遺跡でもなければ、遺物でもないのである。

生きている「遺産」の証拠が、毎年、一〇月一日に執り行われる日本最大の海の祭り「みあれ祭」だ。この祭りでは、沖ノ島の沖津宮に祀られている田心姫神と大島の中津宮に祀られている湍津姫神の神霊が御輿にのせられ、数百隻にもおよぶ漁船に供奉されつつ、九州本土の辺津宮を訪れて、ここに祀られている市杵島姫神と再会するのである。

千数百年にわたって、人と神が交流しつづけてきた事例は、世界中をさがしてもまずない。しかも、その交流が、初めは国家主導で、ついで民間主導でおこなわれてきた事実も貴重きわまりない。このように沖津宮・中津宮・辺津宮の三宮揃ってこそ、日本が世界に誇る世界遺産としての意味を持つことを世界に向けて訴えていきたい。

二〇一七年五月吉日　正木　晃

正木晃――まさき・あきら

● 1953年神奈川県小田原市生まれ。筑波大学大学院博士課程修了。国際日本文化研究センター客員助教授、中京女子大学助教授などをへて、現在は慶應義塾大学文学部非常勤講師。宗教学者。専門は、日本密教・チベット密教。修行にともなう心身の変容、宗教図像学（マンダラ研究）を主な研究課題とする。

●著書に『マンダラとは何か』（NHKブックス）、『いま知っておきたい霊魂のこと』（NHK出版）、『現代日本語訳　法華経』『「千と千尋」のスピリチュアルな世界』『はじめての宗教学』『お坊さんのための「仏教入門」』（春秋社）、『密教』『増補　性と呪殺の密教』（筑摩書房）、『空海と密教美術』『チベットの「死の修行」』（角川選書）、『仏教にできること』（大法輪閣）、『現代の修験道』（中央公論新社）、『裸形のチベット』（サンガ新書）ほかがある。

NHKブックス［1119］

宗像大社・古代祭祀の原風景

2008（平成20）年8月30日　第1刷発行
2017（平成29）年6月20日　第2刷発行

著　者　正木　晃
発行者　小泉公二
発行所　NHK出版
東京都渋谷区宇田川町41-1　郵便番号　150-8081
電話　0570-002-247（編集）　0570-000-321（注文）
ホームページ　http://www.nhk-book.co.jp
振替 00110-1-49701
［印刷］慶昌堂印刷／近代美術　［製本］三森製本所　［装幀］倉田明典

落丁本・乱丁本はお取り替えいたします。
定価はカバーに表示してあります。
ISBN978-4-14-091119-8 C1314

NHK BOOKS

*宗教・哲学・思想

仏像―心とかたち― 望月信成／佐和隆研／梅原 猛
続仏像―心とかたち― 望月信成／佐和隆研／梅原 猛
原始仏教―その思想と生活― 中村 元
ブッダの人と思想 中村 元／田辺祥二
がんばれ仏教!―お寺ルネサンスの時代― 上田紀行
目覚めよ仏教!―ダライ・ラマとの対話― 上田紀行
ブータン仏教から見た日本仏教 今枝由郎
人類は「宗教」に勝てるか―一神教文明の終焉― 町田宗鳳
法然・愚に還る喜び―死を超えて生きる― 町田宗鳳
現象学入門 竹田青嗣
ヘーゲル・大人のなりかた 西 研
論理学入門―推論のセンスとテクニックのために― 三浦俊彦
「生きがい」とは何か―自己実現へのみち― 小林 司
自由を考える―9・11以降の現代思想― 東 浩紀／大澤真幸
東京から考える―格差・郊外・ナショナリズム― 東 浩紀／北田暁大
日本的想像力の未来―クール・ジャパノロジーの可能性― 東 浩紀編
ジンメル・つながりの哲学 菅野 仁
科学哲学の冒険―サイエンスの目的と方法をさぐる― 戸田山和久
集中講義! 日本の現代思想―ポストモダンとは何だったのか― 仲正昌樹
集中講義! アメリカ現代思想―リベラリズムの冒険― 仲正昌樹
哲学ディベート―〈倫理〉を〈論理〉する― 高橋昌一郎
カント 信じるための哲学―「わたし」から「世界」を考える― 石川輝吉
ストリートの思想―転換期としての1990年代― 毛利嘉孝
「かなしみ」の哲学―日本精神史の源をさぐる― 竹内整一
道元の思想―大乗仏教の真髄を読み解く― 賴住光子
詩歌と戦争―白秋と民衆、総力戦への「道」― 中野敏男
アリストテレス はじめての形而上学 富松保文
なぜ猫は鏡を見ないか?―音楽と心の進化誌― 伊東 乾
ほんとうの構造主義―言語・権力・主体― 出口 顯
「自由」はいかに可能か―社会構想のための哲学― 苫野一徳
弥勒の来た道 立川武蔵
イスラームの深層―「遍在する神」とは何か― 鎌田 繁
マルクス思想の核心―21世紀の社会理論のために― 鈴木 直